「9番アイアン」で
打てる距離から
苦労せずに
乗せる——。

それが〝80台〟で回るポイント!!

今よりも「低い球で狙う」イメージを持つと
スイングコントロールが簡単になります!!

“80台”で回る習慣

「乗せたい距離」を100%乗せるゴルフ

ゴルフメンタルマネージャー
北野正之

KKベストセラーズ

はじめに ～〝残り120ヤード〟を確実に乗せよう！

こんにちは。ゴルフメンタルマネージャーの北野正之《きたのまさゆき》です。

ゴルフのスコアアップに王道があるとすれば、「アプローチ」と「パット」を磨くこと――。

これはいまさら私が言うまでもなく、多くの人が実感しているはずです。

でも、どうでしょう。あなたはそれを実践しているでしょうか？

おそらく、ほとんどの人はやっていないと思います。だからといって、あなたを責めるつもりはありません。

練習場では実戦に直結するアプローチ練習はなかなかできないのが現実。球数を打てば初歩的なミスは減りますが、1回の練習に数千円もかかったら、短い距離をポンポン打つ練習は憚《はばか》られるのが人情です。

実際、ショートゲームを磨いてスコアアップできている人は、時間とお金に余裕があるコースのメンバーさんが多い。そんな人には迷わずアプローチ練習をすすめられますが、そうでない人に軽々しく「アプローチをたくさん練習してください」とは言えません。

そんなことを考えていた折も折、この本のお話をいただきました。

「北野プロ、アベレージゴルファーはアプローチ練習をほとんどしないけど、ショットの練習はしているんですよ。それを効率よく実戦に反映させる方法はないですか？　極端な話、アプローチをやらないで済むようになれればベストなんですけど……」。

そう編集者に言われ「そんな夢みたいな話！」と思いました。でも、ふと気づいたことがあります。多くのアマチュアは、ナイスショットの確率が上がりづらいドライバーからミドルアイアンを中心に練習する傾向があることです。

少ない練習時間の中、スキルアップするのが大変なクラブを練習し、アプローチの練習はあまりしない……。これではスコアはまとまりません。そう考えると、〝アプローチ0《ゼロ》〟を目指すのもありかな、と思いはじめました。

もちろん、アプローチが100％なくなることはありません。でも、練習次第で減らすことはできます。

今やっている練習を見直し、乗せやすい距離、乗せやすいクラブをたくさん練習する――。

距離で言えば、「120～130ヤード」、クラブなら「9番アイアン」です。
詳細は本編に譲りますが、私が見る限り140～150ヤードからコンスタントに乗せられる人はシングルクラス。クラブなら6～8番アイアンあたりですが、練習量の少ないアベレージゴルファーが、これをクリアするのは大変です。
その点、9番アイアンは打ちやすい。ポイントを押さえて練習し、実戦で情報収集と狙い方さえ誤らなければ、グリーンに乗る確率は確実にアップします。

ということで、この本では120～130ヤード、あるいは9番アイアンの距離を「乗せたい距離」と位置づけ、そこからグリーンにほぼ100％の確率で乗せることを目指します。

とりわけ「80台も出るけれど100を打つこともある」「コンスタントに80台で回りたい」という人は是非、本書の内容を実践してみてください。80台どころか、シングルに向かう視界まで開けてくると思います。

北野正之

“80台”で回る習慣

「乗せたい距離」を100%乗せるゴルフ

CONTENTS

第2章

絶対にグリーンを外さないアドレス ～狙い方と構え方

第3章

120～130ヤードの正確なスイング ～距離と方向性が合うショットのポイント

第4章 カンタン練習法 ～100％乗る技術を習得しよう

第5章 状況別対処法 ～どんなシチュエーションからもグリーンを狙う!

序　章

120~130ヤードが乗れば「80台」で回れる！

～"90切り"への考え方

乗らなくてOKの距離

コンスタントに「80台」で回るなら、150ヤードは乗らなくていい

プロにとってパーオンは大前提。ライが悪いケースを除けばグリーンを狙います。でも、のべつまくなしに乗せようとはしません。たとえば使うクラブ。得意な番手で調子が良ければ迷わず狙いますが、調子が良くなければグリーンを外すことも想定して打ちます。

このような違いがもっとも顕著に出る条件が〝グリーンまでの距離〟です。

プロでも「絶対に乗せたい」と思うのは150〜160ヤードくらいまで。人により多少変わるとしても、グリーンまで180ヤード以上あったら「乗れば儲けもの」と考えます。

みなさんの中にも、残り150ヤードから「絶対乗せる!」と意気込む人がいると思いますが、これはプロと同じマインドです。

でも、プロほどの技術はありませんから、乗る確率はきわめて低い。私が見る限り150ヤードから高い確率で乗る人は、つねに70台で回れるレベルです。

アベレージゴルファーが150ヤードを打つと、みな力みます。6〜8番アイアンを使う人が多いと思いますが、これらはしっかりボールをとらえないと飛距離を賄《まかな》えません。それがわかっているから力みやすいのです。

また、6、7番だとある程度ロフトが立つので、インパクトでフェースが開きやすくもなります。開いて当たれば右に飛ぶ。それを嫌がってフェースを閉じると今度は引っかけて左へ……。ということで、左右のミスも出やすくなります。

「90を切りたい。コンスタントに80台で回りたい」と考えるなら150ヤードを乗せようとする必要はありません。

乗せようとするほど、前述したようなミスが出て難しいアプローチを強いられます。アベレージゴルファーはアプローチの練習や経験が不足していますから、そこから4打、5打とかかってしまいます。

悪循環を防ぐ意味でも「150ヤードは乗らなくていい」と考えましょう。

乗せるべき距離

9番アイアンで打つ距離から乗せるのが「80台」で回るポイント

では、150ヤードより短い距離に目を向けてみましょう。

プロの場合、150ヤード以下は絶対に乗せたい距離。ライが良ければ絶対に乗せなければなりません。距離がそれ以下なら、バーディチャンスにつけたいところです。

みなさんも150ヤードを切ったらグリーンを狙うと思いますが、アマチュアの場合、距離だけではなく使うクラブも影響します。クラブによって難易度が変わるからです。

たとえばウエッジで打てる距離だと楽に感じるかもしれませんが、ウエッジでは「引っかけ」や「ショート」「右へのスッポ抜け」といったことが結構起こります。安定させるにはロフトを立てるような打ち方が必要になる。確実に乗せるとなると、ウエッジはそれなりにテクニックが必要なクラブで、考えているほど乗せやすくはありません。

残り120〜130ヤードからグリーンを狙う時、多くの人は9番アイアンを使うと思いますが、9番はクラブ操作がやさしいクラブです。

ロフトがあってボールがつかまるので、力まず自然な形で打てる。フェースが多少開閉しても、タテ幅、ヨコ幅ともにグリーンに収まる可能性が高いと思います。

また、飛ばすクラブでないこともわかっているので、7、8番と違って力まずに打てます。

ということで、**9番アイアンで打てる120〜130ヤードあたりから苦労なく乗るようになることが80台で回るポイントです。**

プロが150ヤードを乗せてくるのは、多くの場合9番アイアンあたりで打っているからでもあります。

パーフェクトに乗せるのは無理としても、この距離からコンスタントに乗ればアプローチの機会は激減します。そうなれば自然と90は打たないゴルフになるのです。

考え方を変える

「乗せたい」ではなく、「乗せる」を大前提にする

「グリーンに乗せたい」と思っている人は、「乗らない」と思っている人です。「乗らない」が前提にあるから「乗せたい」と思う。まずは、この発想を変えましょう。

具体的には、打つ前に、どんな球筋で乗せるかをイメージすること。つまり、「乗せたい」の一歩先、二歩先を考えます。こうすることで「乗せる」は大前提になります。

気持ちの持ち方はアクションも変えます。「ドローで乗せる」「低い球で乗せる」とイメージすれば、「乗せたい」という曖昧な発想が具体性を帯びます。すると、自分への指示が出しやすくなる。こうなれば、ダフりやトップは、すでにクリアしています。

体は正直で、思っていることは体に現れます。飛ばないと思えば力が入るし、ボールが上がらないと思えば体が右に傾きます。逆に言えば、**自分がやることや思うこと次第で、動きは変わる**ということ。いい考えをもっていれば体はいい動きをするのです。

どうしても力が入るなら、大きいクラブを持つといいでしょう。100ヤードを7番アイアンで打てば誰でも力が抜けるはずです。距離的にジャストのクラブを持つと力が入るのは、届かないかもしれないと思うから。だったらそんなことを思わない選択をすればいいのです。

自分を苦しめるようなキーワードもいりません。「ダフったらバンカーだ」「トップしたら池だ」などと考えても何の意味もありません。そんなことを考えるほど、体はそれをやってしまう方向に動くことを忘れないでください。

大事なのは、自分を楽にすること。「花道でもいいや」「右サイドはOK」など、「いいや！」とか「OK！」という言葉をキーワードに！

力まない考え方

グリーンには〝触れる〟だけでいい

この本の目標は120〜130ヤードから確実にグリーンに乗せることですが、ある程度自分のことがわかるまでは、余計なプレッシャーがかかるノルマは課さないように。**グリーンを狙う時は、グリーンをダイレクトにヒットするのではなく、グリーンに〝触れる〟だけでOK。ゴロでもいいので一度グリーンに触れることを目標にしましょう。**

私はパットを指導する時、「カップをかすめればいいですよ」と言います。かすめるように打つと、大ショートや大オーバーがなくなるからです。

これと同じで、うまく乗せようとするとダフったり、トップして大オーバーします。まずはグリーンをかすればいい。不思議なもので、ある程度逃げ道を残したほうがグリーンに乗りやすいのです。

「ピンそばにつけなきゃ」と思うことで集中力を発揮できればいいですが、大抵は自分を追い込むことになって力みます。「グリーンに触れるだけでいい」と考えて気楽に打ちましょう

予想と対策

予想して対策を立てれば、ミスしても乗る

自分を予想できると、いいことがたくさんあります。たとえば、狙っている距離ギリギリの番手を持っていたら、「力が入るかもしれないな」と予想するのです。そう、120〜130ヤードのショットで力が入ると、どんな球が出やすいでしょうか？　左に引っかける傾向が強くなります。であれば、「アドレスでちょっと右を向いておく」という対策がとれます。

このような流れで予想ができれば、「多少力が入ってもいい」「引っかかっても大丈夫」となり、ナイスショットしなくてもグリーンに乗るようになります。

完璧を求めると失敗します。どれかを許す気持ちをもつことが、自分を予想するポイントです。

完璧を求めずに、自分を許す気持ちをもつことが自分を予想するポイント。予想ができると乗る確率が上がります

自分の見方

スイングは「内部感覚」が大事。自分の内側のバランスを見る

自分で問題を解決するには、いまの自分に何が起きているのか、なぜ起きるのかがわからなければなりません。「それが一番難しいんです！」という声が聞こえてきそうですが、私はそれほど難しくないと思っています。なぜなら、自分を見つめれば済むからです。

アベレージゴルファーのほとんどは、打ったあとの結果しか見ません。飛んでいくボールを見て悔しがるだけです。レッスンでもそうで、私がお手本ショットを打つと、みんな打球を見ながら「すげーっ！」と言います。

それはそれで嬉しいのですが、教える立場としては複雑な心境。私が何をやっているかを見てくれないと「すげー球」は打てないからです。

たとえば、「どのタイミングで右足が上がるのか」「フィニッシュで手がどの高さにくる

のか」といったことがわかれば、そこを真似できます。

自分がショットを打った時も同じで、自分を見なければいけないのです。

飛んでいくボールは自分がやったことの結果。外側で起こっていることです。外側を変えるには、内側でやっていることを変えなければなりません。内側とは自分のこと。打球ではなく自分を見て内側に意識をとどめる。すると自分に起きていることがわかります。

プロは自分の外側には興味がありません。打球は映像を見るように高低や方向を確認するだけで、基本的には内側に目を向けています。結果が良くても納得いかない顔をするのは内側を見ている証拠です。

逆に外側の結果がイマイチでも、内側の感覚がよければまったく気になりません。あとは内側の感覚と外側の結果のズレを修正していくだけです。

スイングは逆立ちのようなもので内部感覚の勝負。自分の内側のバランスを見ることがすごく大事です。

いつまでたっても外側が変わらないのは、自分の内側を見る習慣がないからです。要はクセをつけること。そして慣れること。**打ち終わったら内側を見て自分と対話をする習慣をつけると、自分が何をしたのかがわかる。**それに合わせて対策を立てれば、少なくとも2回続けて同じミスをすることはなくなります。

私がレッスンをする際には、「上手な人とラウンドする機会があったら、打球ではなく人を見るようにしてください」と伝えています。スイングはもちろんのこと、シングルクラスのゴルファーになると、プレー中の所作ひとつにも意味があります。

それらを的確にとらえられるようになると、自分を見る意識が変わってきます。外側は気にならず、意識を内側にとどめられるようになるのです。

アベレージゴルファーは外の世界に引っぱられすぎています。内側を見ると、アマチュアにも容易にプロの真似ができます。やればプロに近づける。今はできなくても、トライしていくこと。内側を見るのと見ないのとでは大違いであることがわかっていただけます。

第1章

「乗せたい距離」は打つ前が勝負!!

～情報収集とマネジメント

打つ前の情報収集

ボールのところに行きながら、必要な情報を集める

キャディ付き、セルフプレー、カート、歩き、どんなプレースタイルでも、ボールに向かう道のりで、グリーンを狙うのに必要な情報収集をはじめましょう。

絶対に必要な情報は以下の6つです。

①距離
②ピンの位置
③グリーンの形状
④ボールのライ
⑤打ち上げか打ち下ろしか
⑥風向きと強さ

一応番号を付けましたが順番は問いません。打ち方やクラブを決めるのはこのあとです。

距離、ピンの位置、グリーンの形状、ボールのライ、
打ち上げか打ち下ろしか、風向きと強さ。使用クラブ
を決める前に、最低でもこれだけの情報を集めます

①距離への対応

3つの距離を確認。クラブを3本持ってボールに向かう

では、前項で挙げた「集めるべき6つの情報」について詳しく説明しましょう。

距離については必ず、「ピンまで」「グリーン手前（エッジ）まで」「グリーン奥まで」の3つを1セットで把握します。

一般的にグリーンは縦横の幅が30ヤードくらいと言われます。これを指標にすると、たとえばグリーンの真ん中にあるピンまでが120ヤードの場合、手前までは105ヤード、奥までは135ヤードになります。

これらの数字は、グリーンに乗るクラブが3本以上あることを示しています。

しかし、ほとんどの人はピンまでの距離のクラブしか持たず、不安でも「まあいいや」で打ってミスをする。ライや風の影響でグリーンを外すこともよくあります。技術的なミ

「ピンまで」
「グリーン手前まで」
「グリーン奥まで」の
3つの距離を
把握すると
グリーンに乗る
クラブが
3本以上あることが
わかります

スはすぐにはなくせませんが、打つ前のミスはなくせます。

グリーンの大きさや形状によっても使い分けられるので、ボールのところには必ず3本のクラブを持って行きましょう。

池やバンカー越えでは、3つの距離に加えて、「ハザードまでの距離」と「ハザードを越える距離」の確認も必要です。

ハザード越えは「ピンまで120ヤードの池越え」などと言いますが、これだと120ヤードきっちり打たないと池を越えない印象になります。実際、それがプレッシャーになってハザードにつかまる人が大勢います。

これはハザードまでの距離と、確実に越える距離を確認すれば防げます。「120ヤードの池越え」は不安ですが、100ヤード打てば越えることがわかれば不安は軽減します。距離を数字に置き換え、漠然としたものを具体的なものに変えること。それが絶対乗せたい距離から乗せる第一歩です。

必ず３本クラブを持ってボールへ！

「120Y だから、９番アイアン」と決めつけず、前後のクラブも持ちボールへ向かう。そして、どのクラブで打てばグリーン ON する確率が上がるかを考えましょう

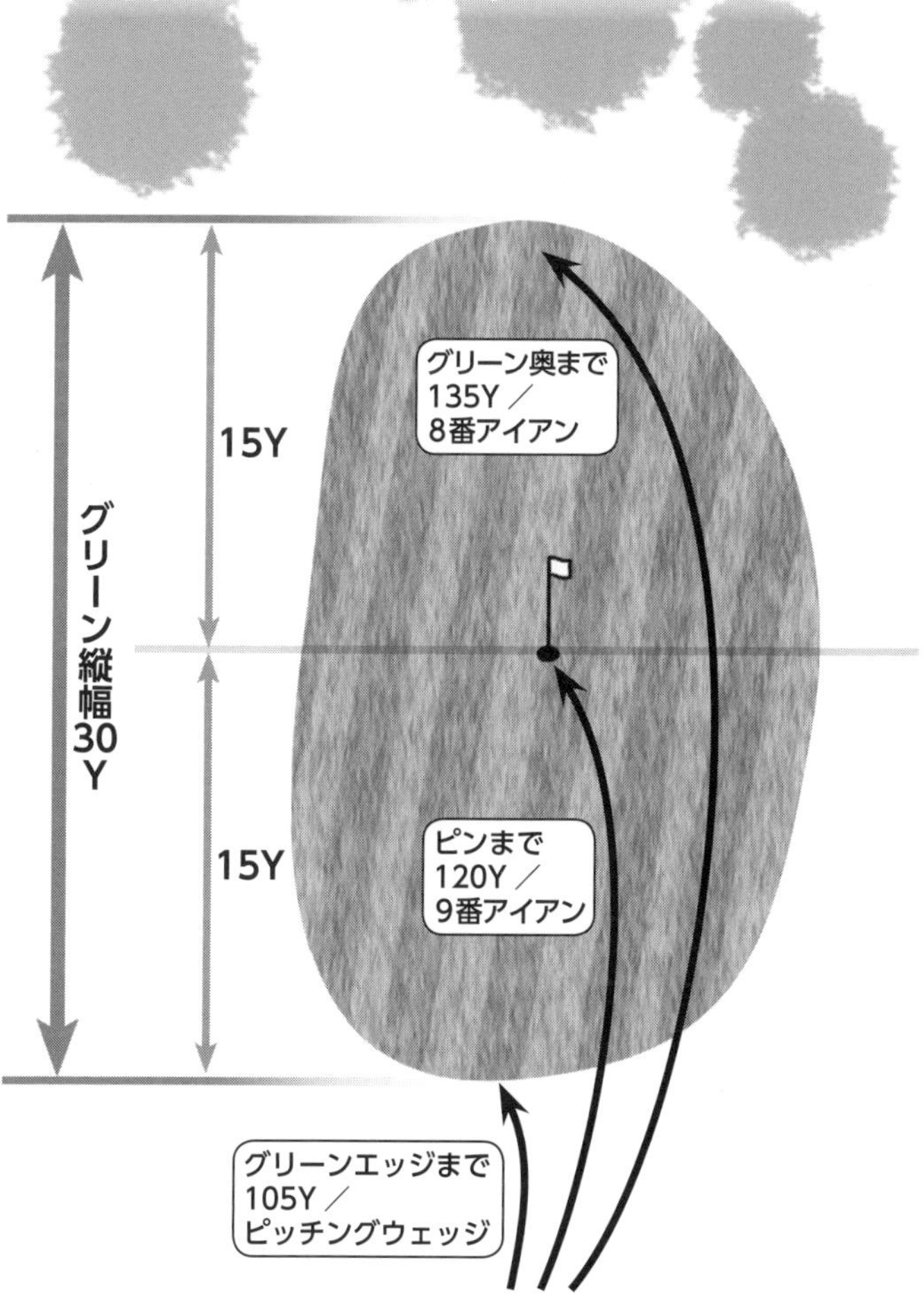

②ピン位置への対応

グリーンを4分割。もっとも広いエリアを意識して打つ

ピンの位置に関しては言うまでもなく、ピンがグリーンの真ん中に近いほど狙いやすく、端にあるほど狙いにくくなります。グリーンに乗せるのが目的なら、基本的には難しい位置のピンにチャレンジする必要はありません。

ただ、それがわかっていても乗らないことが多い。その理由は、「乗せやすいエリア」を見つけずに何となく打っているからです。

乗せやすいエリアとは、ピンに対してもっとも広いエリアのことです。

それを見つけるには、まずピンで交わるようグリーン上に縦、横2本の線を引きます。

こうして**グリーンを4分割した時に、もっとも広い区域が乗せやすいエリアになります**(左ページ参照)。

〔基本〕グリーンを4分割に！

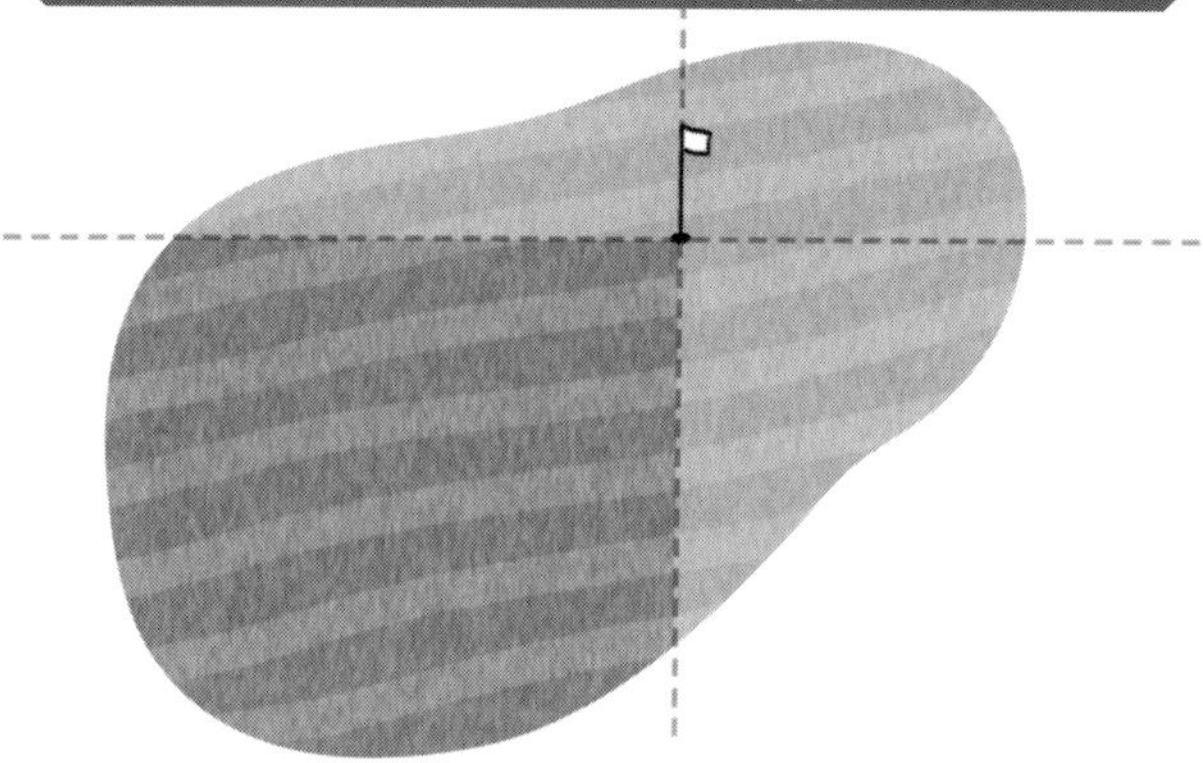

ピンで交わるようグリーン上に縦、横2本の線を引き、グリーンを4分割。もっとも広いエリアが乗せやすいところです

小さいグリーンは2分割に！

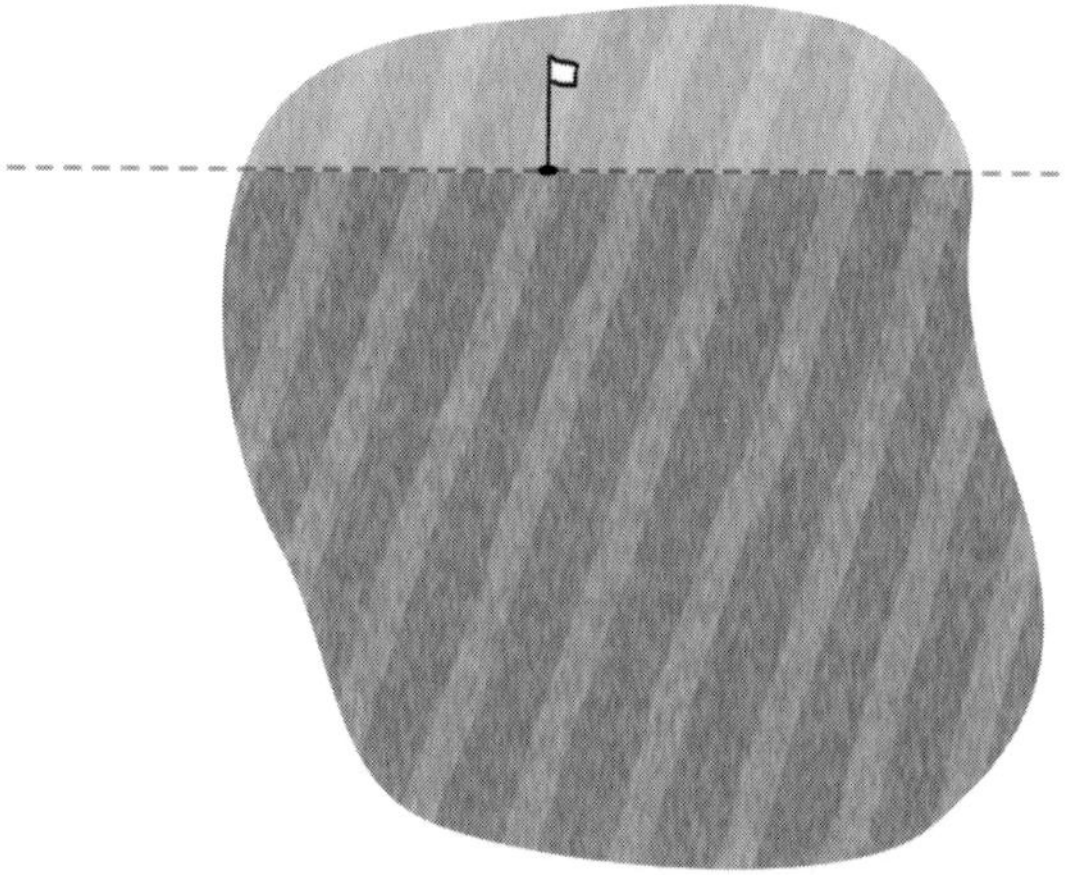

小さいグリーンや4分割では狙いどころが狭い、と感じたら、グリーンを縦、もしくは横に2分割。4分割と同様、広エリアを狙う

ピンをデッドに狙う場合、プロは必ずこのエリアを意識して攻めます。だからピンに近いサイド（ショートサイド）には外さない。バーディが獲れなくても容易にパーセーブできる所以です。**小さいグリーンや4分割だと狭いと感じたら、グリーンを縦、あるいは横に2分割して、広いほうのエリアを狙ってもOKです**（前ページ参照）。

この考え方はピン位置がそれほど難しくない時にも応用できます。たとえば、グリーンの真ん中にピンがある時に、ピンを中心に直径10ｍの円を狙って打つとしましょう。これだと前後左右どのサイドもシビアになります。そのため、打球が大きく逸れて難しいサイドにこぼれる事態を招くことにもなりかねません。

そこで、比較的安全なサイドに対して円を広くとっておく。つまり、円の中心ではなく、前後左右のどこか寄りにピンが立つよう目標円を設定するのです（左ページ参照）。

円のどこにピンを立てるかは、その日の傾向によって決めます。引っかけが多ければ円の右端にピンを置き、右に飛びやすければ左端にピンを置くという具合。広いエリアを意識しながらピンを狙うことで、グリーンを外すほどのミスショットが出なくなります。

ピンをデッドに狙う場合

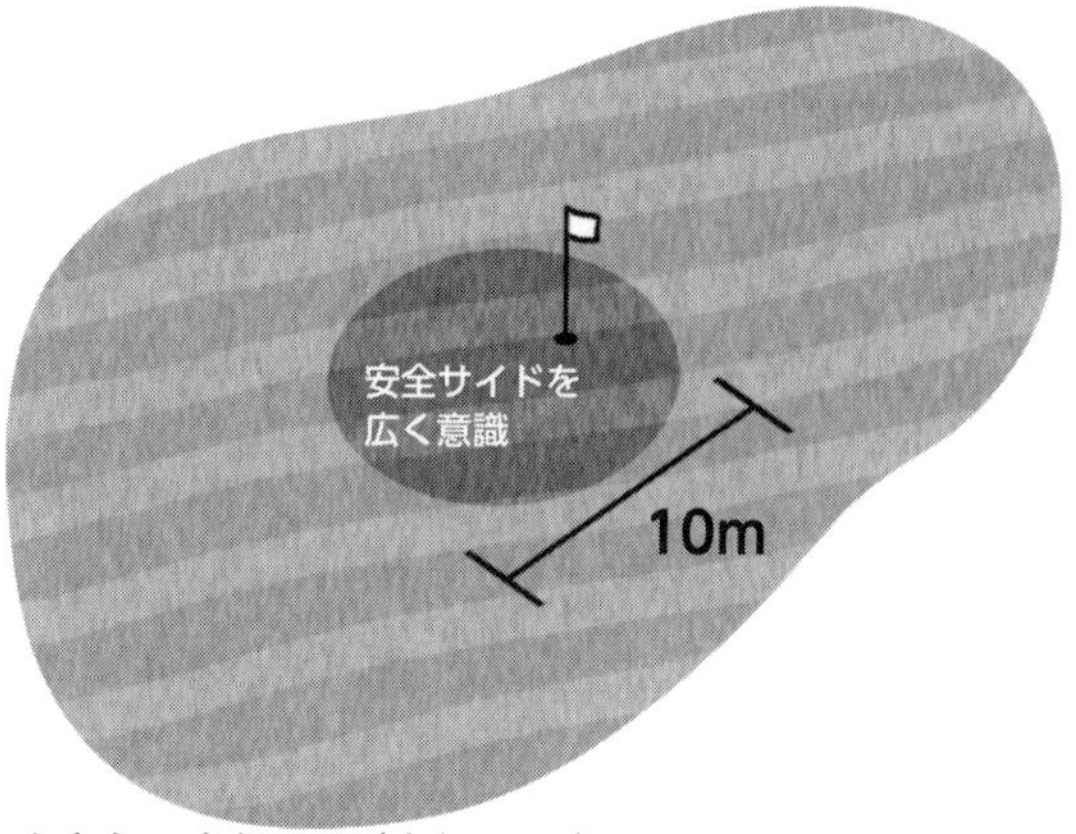

ピンを中心に半径5m（直径 10m）の円を狙って打つのは結構シビア。ピン中心の円ではなく、比較的安全なサイドに対して広がる円をイメージ。広いエリアを意識しながらピンを狙うとグリーンを外しづらくなります

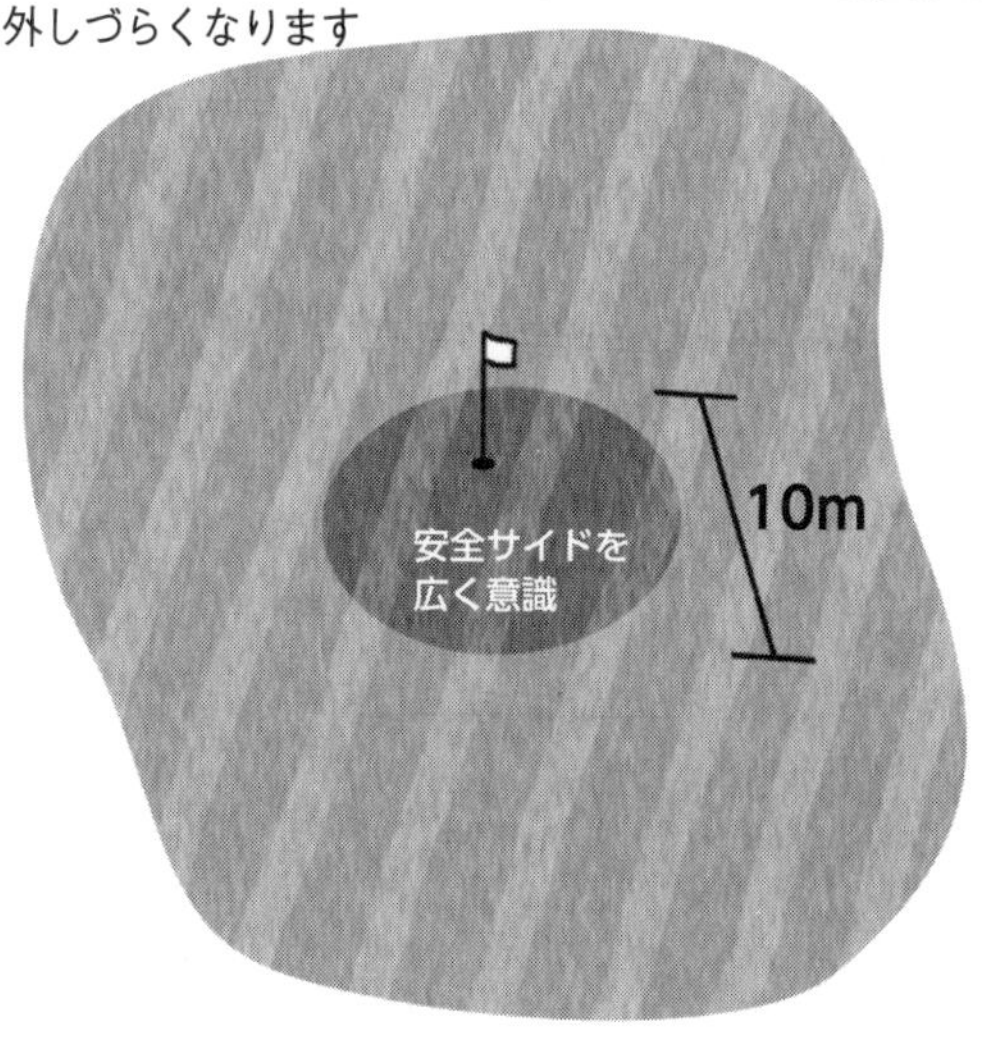

③グリーンの形状への対応

「横長グリーン」と「右が深いグリーン」は要注意

ピンの位置と並行してグリーンの形状も確認します。気をつけるべき形状を大別すると、「縦長」「横長」「右が深い」「左が深い」の4つです。

縦長と横長では、横長の方が難しい。ナイスショットしないと距離が合わないからです。距離がある縦長は難しいですが、120〜130ヤードであればそれほどでもありません。**右が深いグリーンと左が深いグリーンは後者のほうがやさしい。**9番アイアンのミスは引っかけが多いですが、その場合、グリーンが左奥に広いと乗りやすいからです。右が深いケースで引っかけるとグリーンから外れてしまいます。

また、ボールがつかまらずに少しスライスした場合でも、左が深ければ乗る可能性がありますが、右が深いと乗りづらくなります。

右サイドが深い(遠い)グリーンは グリーンONが難しい

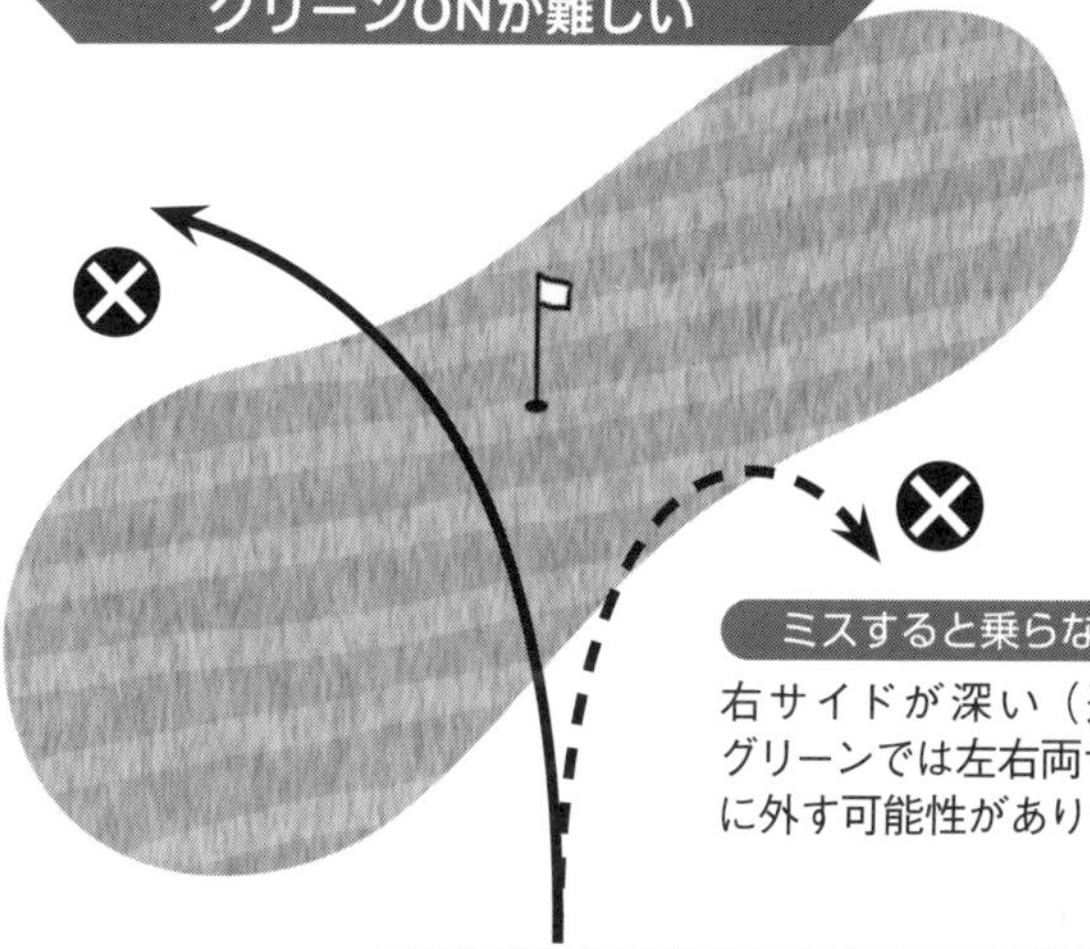

ミスすると乗らない

右サイドが深い（遠い）グリーンでは左右両サイドに外す可能性があります

左サイドが深い(遠い)グリーンは グリーンONがやさしい

少しミスしても乗る

左が深い（遠い）グリーンに対して引っかけても、乗る可能性が高い。逆にスライスしても、残る可能性があります

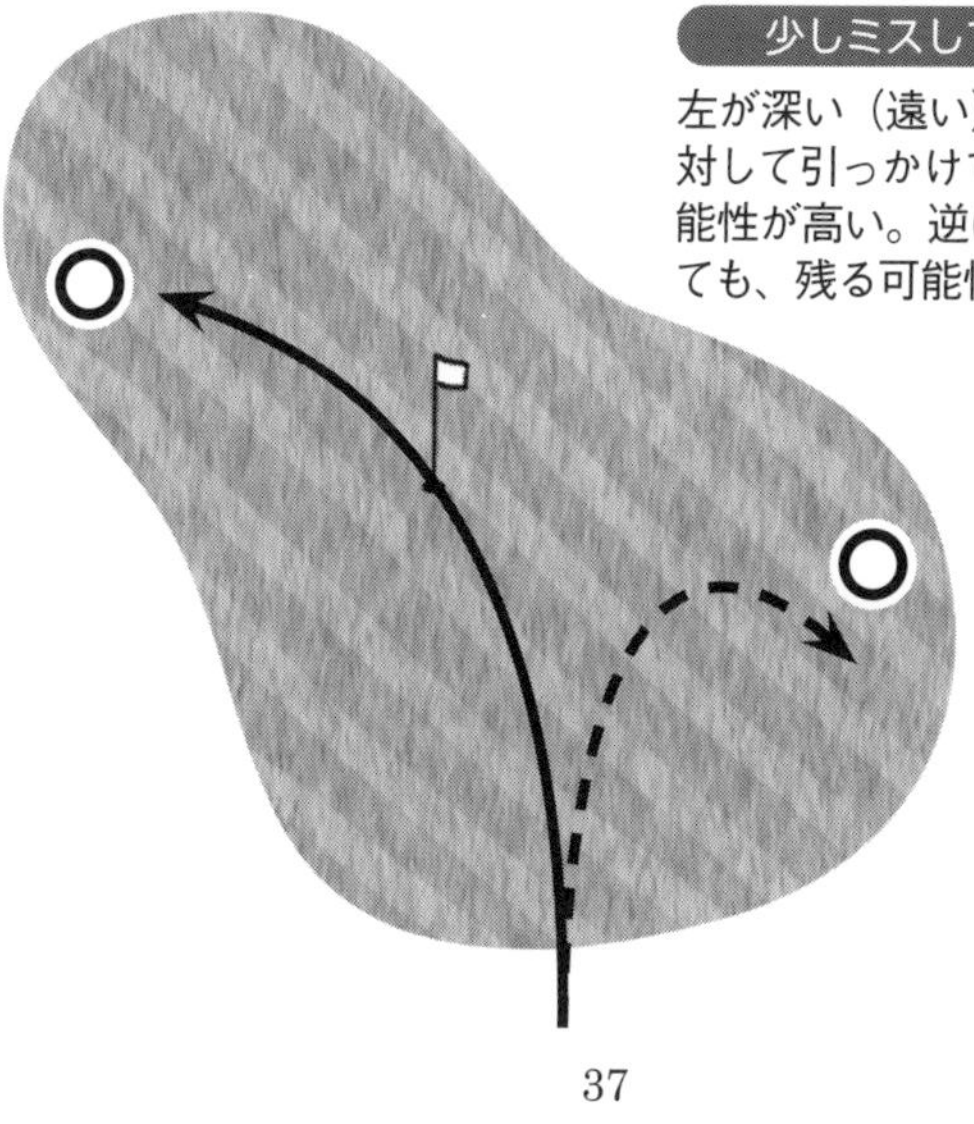

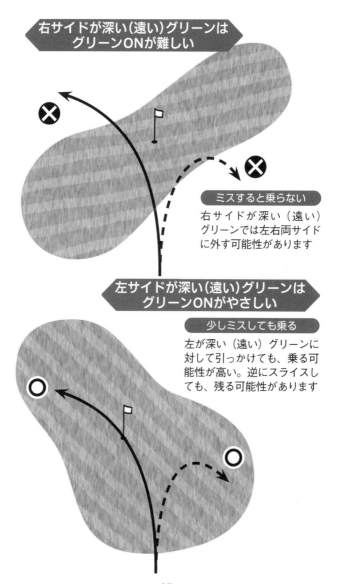

④ライへの対応

離れたところからボールが半分以上見えるライならグリーンを狙う

ボールのライを確認してから打つことも、乗せるための欠かせない要素です。

グリーンを狙う状況で、ボールがフェアウェイにあるのは望ましい限りですが、やはりライのチェックは必要不可欠。ボールが浮いていることも、沈んでいることもあるからです。

よく知られているのはベントとコーライの違い。前者はボールが沈みやすく、後者は浮きます。

また、夏のコーライは強いので、かなり浮くことがあります。気づかないまま打つと、フェースの上部に当たって飛ばないことがあるので浮き具合をチェックしましょう。

ラフではこの違いが一層顕著になり、ショットに及ぼす影響も大きくなります。

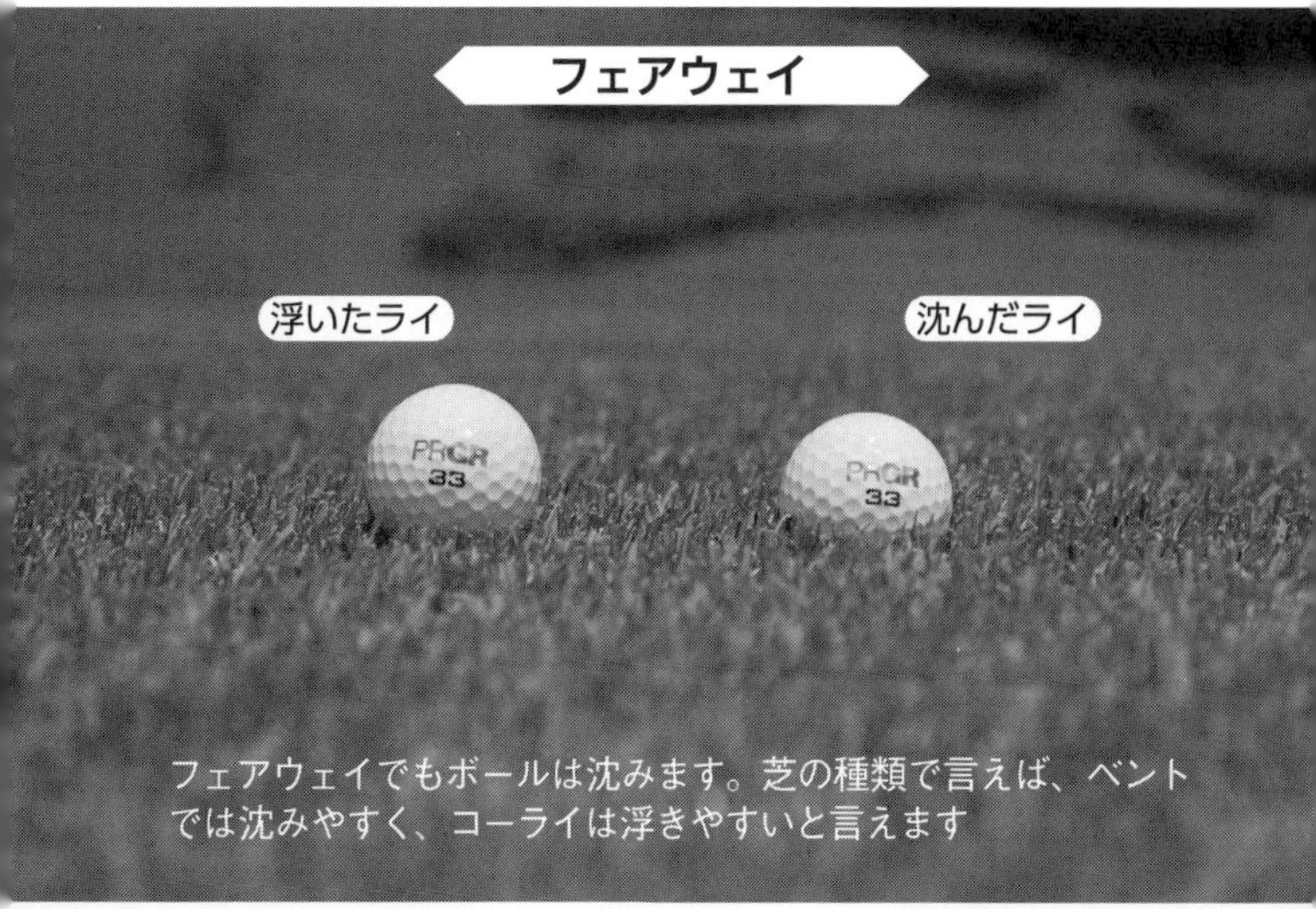
フェアウェイ
浮いたライ
沈んだライ
PRGR
33
フェアウェイでもボールは沈みます。芝の種類で言えば、ベントでは沈みやすく、コーライは浮きやすいと言えます

ラフ
浮いたライ
沈んだライ
PRGR
33
ラフではライの違いが顕著。ライが良ければ距離と風を考慮して打てばいいですが、沈んでいたらグリーンは狙えません

ライを見きわめるポイントは、離れたところからボールを見ること。

近づいて真上から見れば、ボールは見えます。俯瞰《ふかん》で見るのですから当然ですが、この見た目に騙されてヘビーラフから脱出できないケースがよくあります。

ライが良ければ、目標までの距離と風を考慮して番手を選べばOKですが、沈んでいたらプロでもグリーンは狙えません。

離れたところからボールが半分以上見えないようなら、迷わずロフトの大きなクラブでレイアップしましょう。

ラフで大叩きの引き金を引いてしまう人は、ライの判断が甘い。夏場だけでなく、芝の枯れた冬でもラフは鬼門になりがちです。

離れたところから見ることに加え、自分の中で指標を作り、打てるライとレイアップに切り替えるライの判断が随時できるようにしておきましょう。

ライを見きわめるには離れたところからボールを見る
ボールが半分以上見えないようなら、ロフトの大きなクラブでレイアップしなければなりません

⑤打ち上げと打ち下ろし

打ち上げはグリーン奥、打ち下ろしはグリーン手前までの距離を打つ

距離については、「ピンまで」「グリーン手前まで」「グリーン奥まで」の3つを1セットにして確認すると述べましたが、これは打ち上げや打ち下ろしでも拠り所になります。**結論から言うと、打ち上げでは「グリーン奥まで」の距離、打ち下ろしでは「グリーン手前まで」の距離を打つと乗る可能性が高まり、距離的に大きなミスになりません。**

ただし、打ち下ろしでは注意が必要です。たとえば、グリーン手前までが120ヤードの打ち下ろしだとピッチングウエッジを使いたくなるところですが、ウエッジは使いません。

ウエッジだと打球が上がるだけ上がって真下に落ちるため距離が出ません。グリーン手前までの距離が120ヤードなら、確実に乗せるにはそれ以上打たなければならない。

打ち上げの場合

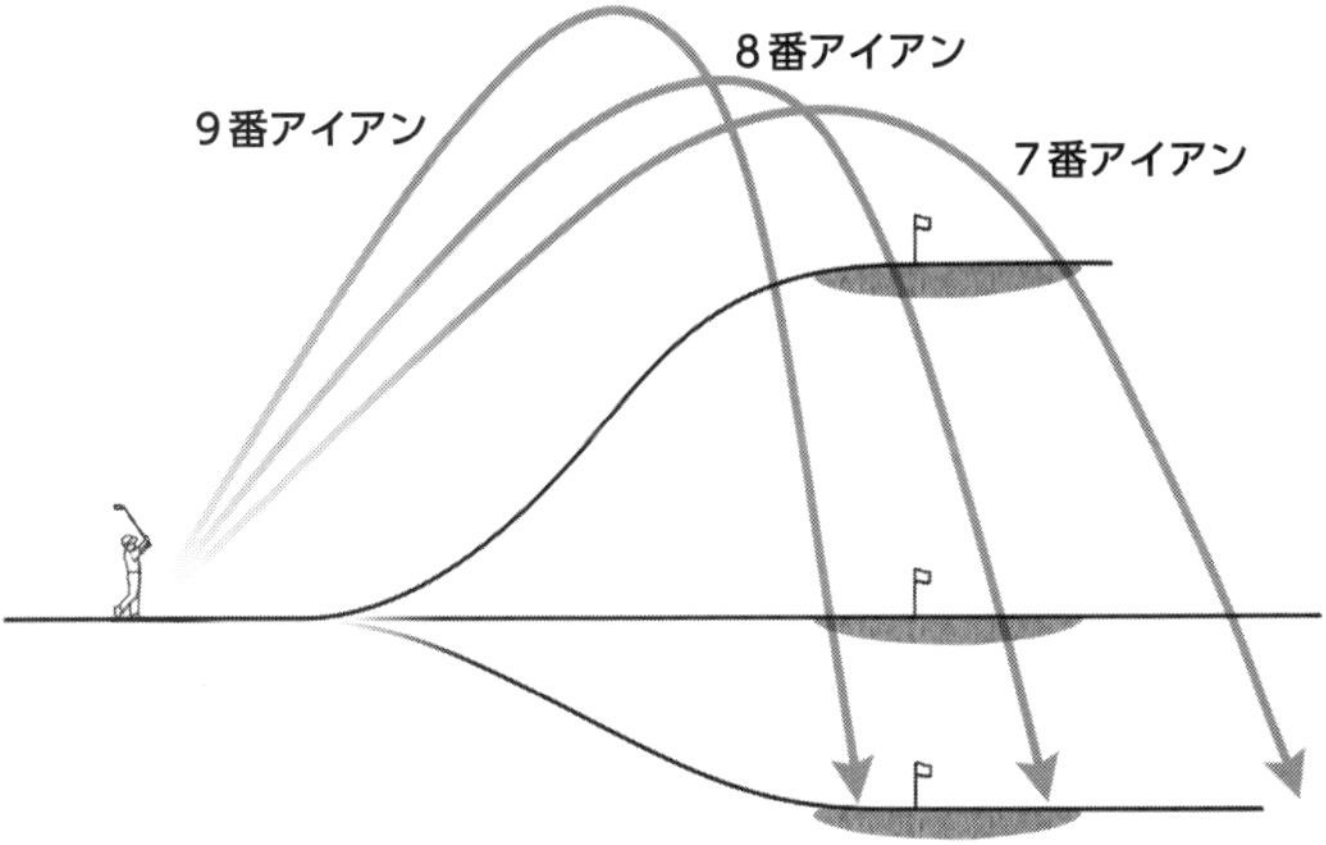

打ち上げでは「グリーン奥まで」の距離を打つと乗る可能性が高まり、距離的にも大きなミスになりません。傾向的には届かないことが多いので、ピン位置が手前でもグリーンセンターまでは届くクラブで打ちましょう

ウエッジはランが期待できない分ショートしやすいので、風など飛距離に影響する要素がなければ、私でも9番アイアンで打ちます。

極端に言えば、120～130ヤードの打ち下ろしでは、フォローの風がなければ番手は下げないと考えていいでしょう。

これはクラブによる打球の放物線の違いが頭に入っているとわかります。ウエッジだとボールは高く上がりますが前には進みません。

打ち上げの場合は、前に進まないとボールがすごく手前に落ちますから番手を上げなければならないわけです。

そもそも、残り130ヤードで平らなライから打ち上げる状況はあまり多くなく、左足上がりのライになることが多いと思います。この距離の打ち上げの基準は、おもにパー3のティショットのために覚えておく感じでいいでしょう。

打ち下ろしの場合

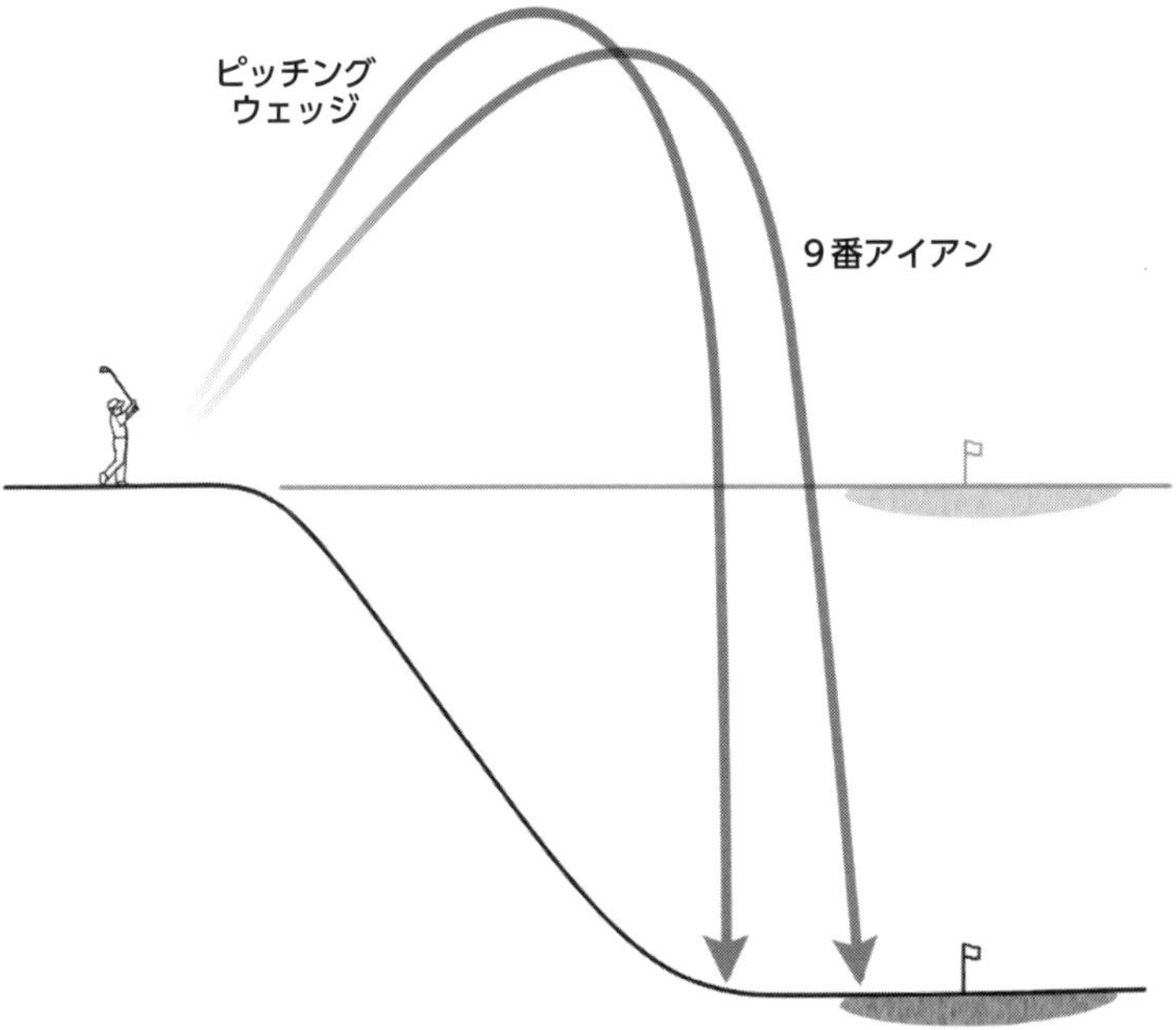

打ち下ろしでは「グリーン手前まで」の距離を打つと乗る可能性が高まります。130ヤード近辺、9番やピッチングウエッジを使用する打ち下ろしでは、風がフォローでない限り、それより短い番手を使うことはないと考えていいでしょう

⑥風への対応

ボールのエネルギーがなくなる落ちぎわの風を読む

120～130ヤード、あるいは9番アイアンで打つ場合、風は無視できません。9番以下のクラブはボールが高く上がる――。推進力がなく滞空時間の長い打球になるからです。

プロはコース全体に対する風向きを頭に入れています。すると時たま、「さっきのホールがフォローだったのに、このホールもフォローはおかしい」といったことが起こる。風を検証するのはこんな時で、そうでなければサラッとプレーを進めます。

風を読めるか否かは、読み方をいくつ知っているかにかかります。まず肌で感じ、木の揺れ方を見て、池があれば水面を見る。それでも迷ったら遠くの木や雲の動きを見ます。

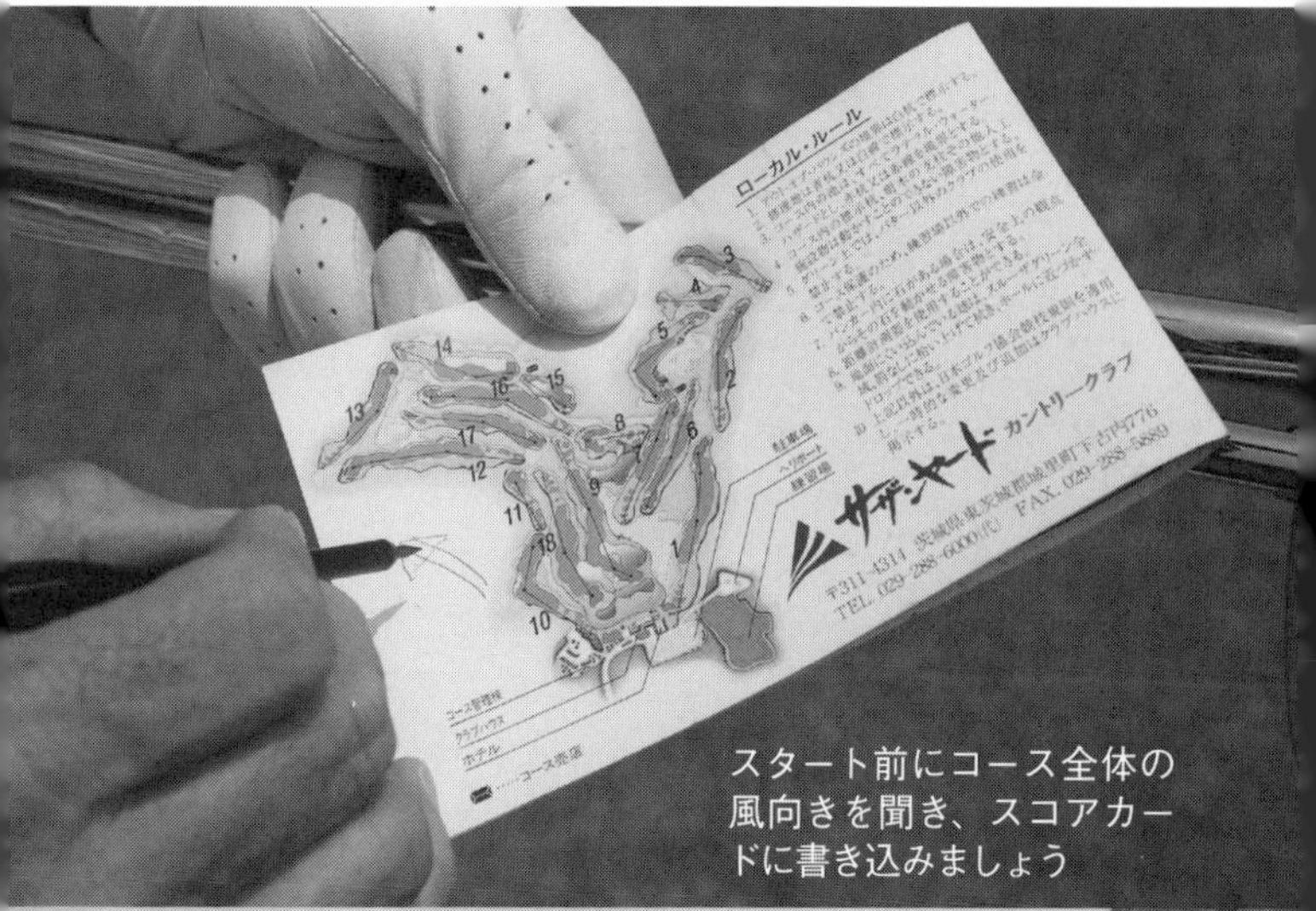

スタート前にコース全体の風向きを聞き、スコアカードに書き込みましょう

わからなければ周囲の木々や水辺、雲の動きなどを見ます

風の読みは、肌で風を感じることからスタート

ただ、**最も風の影響を受けるのは、ボールのエネルギーがなくなる落ちぎわです**。自分が立っている場所の風を敏感に察知しても、グリーン付近の風が逆なら読んでも意味がないので、**必ずボールの落ちぎわを意識して検証してください**。

アゲンストの風で9番の距離を打つ場合、夏場はクラブを1~2番手上げます。2番手アップはかなり強く感じる風なので、基本的には1番手上げればいいでしょう。

冬場は3~4番手は普通に替わります。風に強さと重さが加わり、体の動きも鈍くなるからです。

逆にフォローではウエッジになることもよくあります。フォローとアゲンストの間では8番手くらい替わる可能性があるのです。

いずれにせよ、**「決断までは敏感に、決断したら鈍感に」が風とのつき合い方**。風は瞬間的に変わることもあるので、敏感のままだとスイングに影響します。外側のものに対してはアドレスに入るまでで終わり。アドレスに入ったら内側を機能させましょう。

自分が立っている
場所ではなく、
ボールの落ちぎわの
風を読みます
ボールが最も
風の影響を受ける
のは落ちぎわ

冬のアゲンストは3～4番手替わります。プロやシングルプレーヤーにとっては当たり前のことです

芝を投げるのは最後の手段

番手の選択

番手による飛び方の公式を頭の中に入れておく

前述（28ページ）したように、乗る番手はひとつではありません。特にグリーンが広い時は、どの番手が使えるのかをもっと考えたほうがいいと思います。

たとえば、8番アイアンで打とうと思っている状況では、9番だと乗らないと思い込んでしまう。でも、グリーンエッジまでの距離を考えれば9番は乗るクラブです。奥に行くとスコアを崩しそうなら、9番のほうがはるかに安全。手前に花道があれば届かなくてもいいくらいです。だから9番を持ったからといって、力《リキ》む必要はないのです。

反対に大きなクラブでグリーンの奥を狙うと、大抵の人はインパクトが緩みます。そのため結果的に乗ることが多い。ナイスショットでも大オーバーはありませんし、風に負けて奥まで行かないこともあります。

番手による特質もクラブセレクトに影響します。**番手が短くなれば左に飛びやすく、長いと右に飛びやすくなります。**

9番アイアンはスライスしづらいクラブ。ボールの下を潜って右手前に飛ぶことはありますが、スライスの感じにはならないので、スライサーにとっては楽だと思います。

また、**強く振ると左に飛びやすく、軽く振ると右に飛びやすい。ダフると左に飛びやすく、トップすると右に飛びやすいのも特徴です。**

これがわかっていると、左に行かせたくない時は大きめのクラブで軽めに、右が嫌なら小さめのクラブでしっかり打つ、という選択ができます。これらは公式なので、頭に入れておくと便利です。

こういった要素を照らし合わせていないから、行かせたくないと思っているところに打ってしまう。事件は必ず公式から外れたところで起きるのです。

番手による打球の傾向チャート

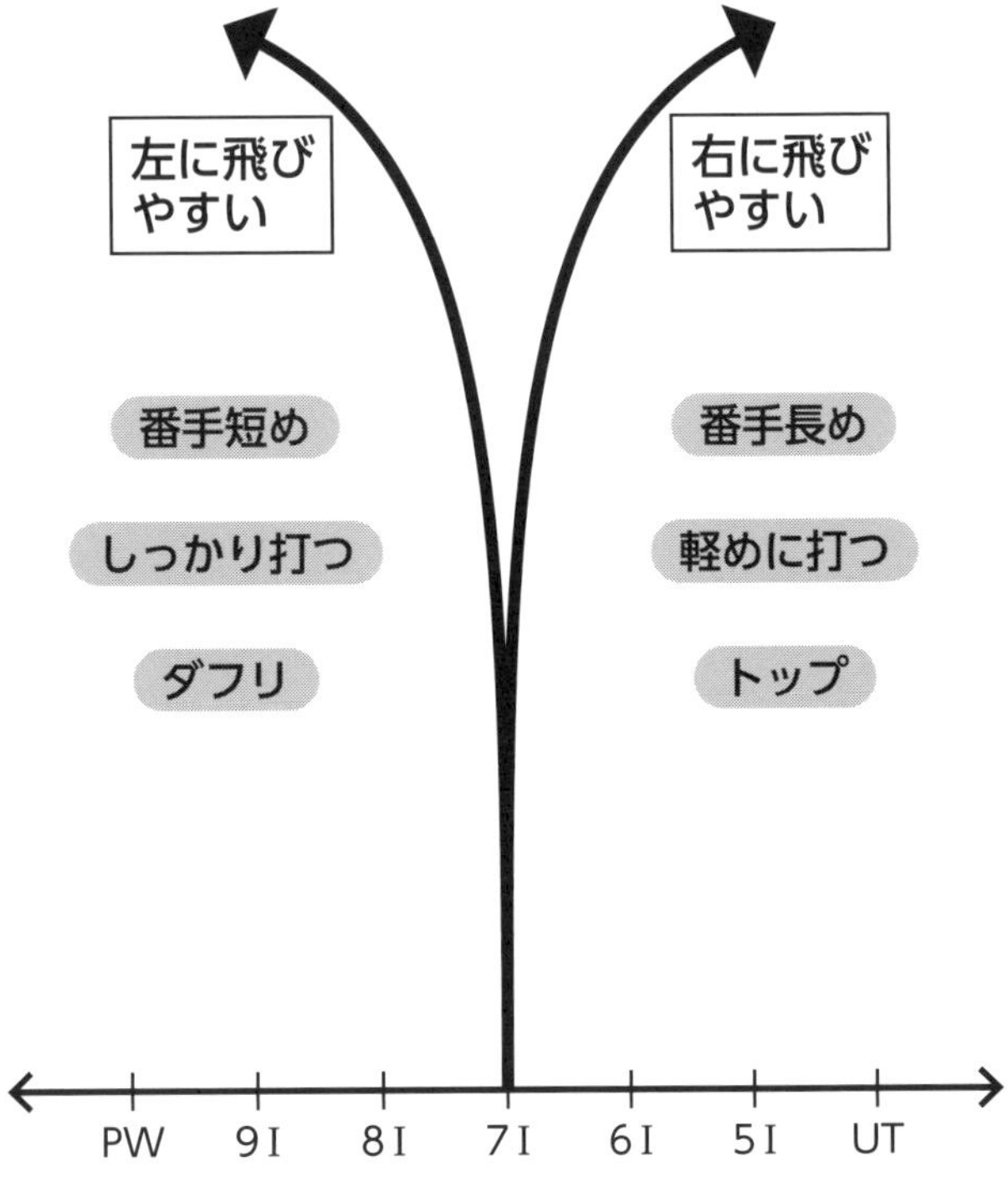

たとえばイメージ通り飛びやすい番手が7番だとしたら、それより長い番手と短い番手では、打球にチャートのような傾向があらわれます

第2章

絶対にグリーンを外さないアドレス

〜狙い方と構え方

安全エリア／危険エリア

外していいエリアも意識しておくと、グリーンONの確率が上がる

グリーンを狙う時にプロや上級者が必ず行うのは、**グリーン周りで、外しても大ごとにならないエリアを探すことです。**

わかりやすいのは池やバンカー。ハザードがあるサイドは、考えるまでもなく外してはいけないエリアです。

次に外したくないのは、ピンが近くにあるエリア（ショートサイド）です。グリーンの右端にピンがあれば右サイド、左端にあれば左サイドです。

奥や手前についても同様。手前から攻めるのがセオリーと言われますが、アベレージゴルファーは乗せてしまったほうがいい結果に繋がります。

続いて深いラフや寄せにくい傾斜地の順になりますが、ラフは行ってみないとわからないところもあるので、それほどナーバスにならなくてもいい。

窪みや傾斜など、地形的に打ちにくそうなエリアをチェックしてください。

打つところがどんどん狭まる気がしますが、狙うのはグリーンですからそれ自体の広さは変わりません。前記のエリアを除いたところが外しても安全なエリアですから、そこを意識しつつグリーンを狙えばいい。

危険なエリアについては確認するだけ。打つ時はそのことは忘れて、グリーンと外してもいいエリアだけにフォーカスします。

プロはグリーンを外しても簡単にパーセーブしますが、これは寄せワンで上がれるところを確認し、ミスしてもそこに外れるように攻めているからです。

120～130ヤードでは十中八九ピンを狙っているので、ピンに絡まなければミスショットの部類。それでも最低限の仕事だけはしているのでバーディパットが打てるのです。

池を嫌がって右に大きく曲げると
斜面や林に行く恐れがある
この場合、外してもいいエリアは
グリーン手前の花道。池に入れな
いことを前提に、このサイドから
左に飛ぶかもしれない番手で打つ
のがベスト

大きめの番手で確実に池をクリアする手もあるが奥にはバンカーが。気にするとショートするので、奥狙いはバンカーも仕方なしと割り切る
池越えが最もシンプルなルートだが、ピン狙を狙って距離ジャストの番手で打つと、力が入ってボールが左に行きやすい。最悪池ポチャも

危険回避のアドレス

気になって仕方ないものがあったら、思い切ってその方向を向く

グリーンに向かって正しくアドレスできない原因のひとつに景色があります。たとえば、前方に大きな木や池がある状況では、無意識にそれらを避ける方向を向きやすくなります。

これを確実に防ぐ方法は、構えたあとに両ツマ先の前にクラブを置き、一旦そこを離れて後方から自分が構えていた向きを確認することです。

プライベートラウンドで進行に配慮するのが大前提ですが、これを繰り返し行うと真っすぐ向けるようになります。

アドレス後に、肩にクラブを当てるのも効果的です。

左ページの写真のように、両肩に当てたクラブの先端が目標を向いているかを確認してみましょう。

向きを正したら、肩にクラブを当てて方向を確認します

時間があったら、構えたあとに両ツマ先の前にクラブを置き、そこを離れて後方から向きを確認してみましょう

そんな余裕がない、あるいは面倒だと思うなら、**思い切って向きにくい方向を向いてしまう。**木が気になったら木の方向を、池があったら池を向くのです。

アマチュアの場合、二重三重で逃げて失敗するパターンが多い。「左に池があるから右を向いた」→「でも、まだ池が気になる」→「池を嫌がって右に振る」。といった具合。9番アイアンでこれをやったら池は避けたとしても、かえって大きなトラブルになります。

これは三重で逃げてしまった結果。失敗するのは明らかですから、せめて1個だけでも抵抗する。そのひとつがあえて向きにくい方向を向くことです。

もちろん、意識を変えてもいいですし、スイングを変えても構いません。

カート道路やフェアウェイのラインにも惑わされがちですが、その際は、構える前に肩のラインを正しく目標方向に向けてから、**体の真正面に目印を見つけておきましょう。**アドレスした時に、目印が体の真正面にあれば正しく目標を向けています。

周囲の景色に惑わされたら、体の真正面に目印を見つけます

アドレスで真っすぐ向けているか不安になったら、正面の位置を確認しましょう

アドレスの向きの修正法

右を向きやすければ左寄り、左を向きやすければ右寄りにボールを置く

ボールの位置を変えることでも、アドレスの向きを修正できます。

簡単に言うと、**ボールを左に置けば左を、右に置けば右を向きやすくなります。**

9番アイアンで普通に打つ時は、両足の真ん中にボールを置く人が多いと思います。その場合、ボールを左寄りにすると真ん中に戻したくて左を向く。右寄りにすると、その逆の現象が起きるので、それをうまく利用するわけです。

ラウンドをしているとボールの位置はどんどんズレていきます。アドレスで右を向く傾向が強ければ左に、左を向きやすければボールを右寄りに置いてみましょう。

ボールを右に置く
右寄り置くとボールを真ん中に
戻したいので右を向きやすい
PRGR
ボールを左に置く
左寄りに置くと真ん中に戻し
たくて左を向きやすくなります
PRGR

アドレスの手順

クラブポジションを決め、シャフトの傾きを変えずにアドレス

フェースを目標に向け、ライ角を合わせてクラブを置いたら、それを動かさずに足の位置を決める。これが正しいアドレスの手順です。

ところが多くのアマチュアは、アドレスに入る時にクラブが動きます。これはクラブを握ってからアドレスに入ることにも原因があります。やり方に決まりはありませんが、**クラブのポジションを決めたら、それが動かないようにアドレスするべきです。**

これをスムーズに行うには、シャフトの傾きが変わらないようにすること。シャフトの傾きが変わるとフェースの向きが変わり、グリップの位置までが変わってアドレスが安定しません。クラブを置いたら、シャフトの傾きに注意してアドレスしましょう。

シャフトの傾きが変わるとフェースの向きが変わって乗りません

フェースを目標に向けてソールするとライ角どおりにクラブがセットされます。この時のシャフトの角度が変わらないようにアドレスします

狙うアドレス

肩からクラブヘッドの間に目標が収まるようにアドレスする

肩のラインをピンの左に向けて正しく振れると、打球は肩からクラブヘッドの先端くらいの範囲に飛びます。ということは、後方からアドレスを見た時に、その範囲内に目標が収まっていなければいけません（左ページ参照）。

逆に言えば、グリーン奥にOBやハザードがある場合とOBやハザード越えを除けば、この範囲にOBゾーンやハザードが入るのはNG。**ナイスショットを引き出すには、肩からクラブヘッドの範囲にグリーンが収まるようにアドレスすることが欠かせないのです。**

肩のラインをピンに向けてもOKですが、フェースはピンの右を向く。これならピンが範囲内に収まるので、ボールがつかまりすい9番アイアンの狙い方としてはありです。

後方から見た時に、ヘッドの先端
から肩の範囲に目標が収まってい
ることが大事。ここにOBゾーンや
ハザードが入ってきてはいけません

目標確認の仕方

アドレス後の目標確認は、頭を起こさず顔を左に回す

グリーンセンターにあるピンを狙う場合、フェースをピンに向けます。ここまではいいのですが、アドレスした状態で頭を起こしてピンを見ると、体の向きが変わります。

アドレスでは上体が前傾します。その体勢で頭を起こすと体も起きてしまう。120～130ヤードではアドレスの前傾角度が深いのでなおさらです。体を起こして右前方のピンを見るため、上体（肩のライン）の向きが変わってしまうのです。

右を向く原因のひとつは、これです。

目標を最終確認する時は、頭は起こさずに顔を左に回すようにしましょう。頭を起こして目標を見ると向きの間違いに気づけません。前傾をキープしたまま目標を見ると方向のズレがわかるようになります。

目標を確認する時には、頭は起こさない。前傾を保ったまま顔を左に回します ○

× 体を起こして右前方のピンを確認すると、上体（肩のライン）が起きて向きが変わります

打球の高さ

今より「低い球」で狙うイメージをもっとコントロールしやすい

かのベン・ホーガンが、彼を崇拝してやまない若手プロと一緒にラウンドした時、「ここは何番で打つんですか？」「さっきのショットは何番でどう打ったのですか？」と、しつこく聞かれたそうです。

いちいち応えるのが面倒だったので、ホーガンは150ヤードの距離からすべてのクラブを使って乗せてみせたという逸話があります。

それだけの技術があるし、やろうと思えば何でもできたということなのですが、ここでひとつ気づいてほしいことがあります。

ひとつの距離をいろんなクラブで打つには、ボールを抑えて打たねばならないということ。ドライバーで打つにしろ、サンドウエッジで打つにしろ、普通に打った場合の最高到

プロは安全を重視して低めの球で攻めることが多い。フルスイングせずにコントロールを優先するとこの攻め方になるのです
PRGR

達点より低いところに打たなければコントロールできないし、届かせることができません。

アマチュアの場合、常に自分の最高到達点に達するボールを打とうとします。そして、実際に打っていきます。

ところが、ベン・ホーガンよろしく、プロはみな低めに打っています。それはひとえに、高く上げることが危険だからです。

また、風の影響を受けやすいですし、９番アイアンでバンカーに落としたら目玉になるからです。

また、打球を最高到達点に運ぶにはフルスイングしなければなりません。その意味からすると、プロはフルスイングでグリーンを狙うことにリスクを感じていることになります。

打球の高さを変えるということは、スイングをコントロールすることに繋がる。グリーンを狙う時は、今よりも低い球を打つイメージをもってみましょう。

第3章

120～130ヤードの正確なスイング

～距離と方向性が合うショットのポイント

フィニッシュ

打ち終わったあと、フィニッシュがどうなっているかを確認する

先に（22ページ）、「意識を内側にとどめて自分を見る」と述べましたが、いきなり実行できる人は少ないと思うので、具体的にどこをどう見ればいいかアドバイスしましょう。

ミスした原因がわかりやすく、かつ最も対策を立てやすいのはフィニッシュを見ること。打ち終わったあと、自分がどうなっているかを確認することです。

たとえば、フィニッシュでどこに体重がかかっているかチェックする。ツマ先側、カカト側、足の外側など、いずれかに偏っていると、プロのようにフィニッシュでカッコよく立っていることができません。

フィニッシュで止まり、どこに体重がかかっているかをチェックします。

次に自分のイメージするフィニッシュと比べて修正を試みるだけで、スイングがいい方向に進みます

体重がどこに偏っているかで、次にやらなければならないことがわかります。カカト側に体重が乗りすぎてバランスを崩したのなら、次はツマ先側に体重が乗るように振ってみるという具合です。

また、ミスした時はヒジの位置が低い、トップした時は手が頭の上まで行っているなど、自分のミスをする時の傾向がわかるようになってきます。

自分のイメージするフィニッシュを作って、それと比べて修正を試みると必ずいい方向に進んでいきます。

私は70~80センチのショートパットのレッスンをする時、ゴール地点をカップにして、カップの中にヘッドを入れる（打ち終わった時にカップとヘッドが重なる）ように打ってもらいます。

これができるとほぼ全員カップインするのですが、打ったあとにパターヘッドが戻ったり、ボールに当てるだけでカップと重ならない人がたくさんいます。

これはひとつながりになっているストロークというアクションを分断することになります。意識が外側に向かっているとこうなるのです。

つながりを切らないで打てる人、いわゆる〝打ち切れる〟人はフィニッシュで止まっていられます。これは意識が内側に向いているあかし。フィニッシュで止まるためには、最後まで内側に意識をつなげて留めておく必要があるのです。

さらにフィニッシュで止まれる人は、ロングパットになった時に、「ここでショートしたからもう少し大きく振ろう」というようにどんどん修正できるようになります。「ここまで振ったら、このくらい転がった」という関係性がわかるので距離感が合う。

フィニッシュを見ていく習慣ができると、ショットでも同じことができます。

フェースの当たり方

「スイング軌道」と「フェースの開閉」はまったくの別物

いきなりですが、スイング軌道を整えるだけでは距離のコントロールはできません。何が必要かといえばフェースの当たり方。これが決まってはじめて飛距離が安定します。

たとえば、同じ振り幅でスイングしても、ある時はボールの下をくぐって手前のバンカーに落ちる、またある時は飛びすぎてグリーンの奥にこぼれる、といったことが起きます。たとえ振り幅とスイングスピードが同じでも、フェースがボールにどう当たるのかによって飛距離が大きく変わってしまうのです。

120〜130ヤードから確実に乗せるには、これを知っておくことが基本ですが、多くのアマチュアはフェースの向きを変えずに打てば真っすぐ飛ぶと思っています。

しかし、たとえそのつもりで打ってもフェースの向きは変わっています。しかも、シャフトが1ミリ右に回るか左に回るかで結果は大違いになる。

つまるところ、フェースの向きを変えずに打つのは無理なのです。それならフェースの開閉は積極的に使ったほうがいい。自由自在に操るのは難しいですが、開くか閉じるかの違いだけは作れるようになるべきです。

それにはまず、**スイング軌道とフェースの開閉は別物と考えてください。**アベレージゴルファーのほとんどは両者がセットになっている。フェースの向きを変えずに正しい軌道で振ることばかり考えています。

アウトサイド・インでも、インサイド・アウトでもフェースは閉開できます。これを理解し実践すると、いろんなボールが打てます。傾斜からのショットもイージーになります。

インサイド・アウトのスイング軌道

インサイド・アウト軌道で打った場合、軌道面だけ考えるとボールは右に飛びます。必ずもそうならないのはインパクトでフェースが閉じるからです

アウトサイド・インのスイング軌道

アウトサイド・イン軌道で打った場合、スイング軌道だけ考えるとボールは左に飛びます。必ずしもそうならないのはインパクトでフェースが開くからです

スイングの仕組み

フェースの開閉を使えばスイング軌道を直さなくてもグリーンに乗る

では、もう少し具体的にスイングの仕組みを考えてみましょう。

スイング軌道にはアウトサイド・イン、インサイド・アウト、イン・トゥ・インの3つがありますが、ほとんどの人は前者2つのうちのどちらかです。

アウトサイド・インのスイング軌道では、エネルギーは上から下に向かいます。これに対し、インサイド・アウトのスイング軌道では、エネルギーが下から上に向かいます。

上から下に振りやすい左足下がりのライではアウトサイド・インの軌道になり、下から上に振りやすい左足上がりのライではインサイド・アウトの軌道になるのが自然です。

左足体重で振るとアウトサイド・インになりやすく、右足体重はインサイド・アウトになりやすい傾向もあります。

フェースの向きは考えず、スイング軌道だけでボールが飛ぶ方向を示すと、アウトサイド・インでは左、インサイド・アウトでは右に飛び出します。真っすぐには飛びませんが、これだけなら大したミスにはなりません。

問題は悪い形でフェースの開閉が重なった時。すなわち、アウトサイド・インに振ってフェースが閉じた時と、インサイド・アウトに振ってフェースが開いた時です。

これさえなければグリーンに乗る確率はグンと上がります。アウトサイド・インでもフェースが閉じない、また、インサイド・アウトでもフェースが開かなければ、必ずグリーン方向に返ってくるボールになるからです。9番アイアンでアウトサイド・インに振ってフェースを閉じたら左に飛びます。これはナシですがフェースを開いて使うのはアリ。こうすればスイング軌道を変える必要はありません。

インサイド・アウト

インサイド・アウトのスイング軌道でフェースが開くと、どんどん右に行くのでNG。フェースを閉じる使い方はあり

アウトサイド・イン

アウトサイド・インのスイング軌道でフェースが閉じると、左に引っかけてしまう。程度によるがフェースを開く使い方はあり

ショットの当たりが抜群に良くなる「オノマトペ」のすすめ

「オノマトペ」を知っていますか？　擬声音を意味するフランス語です。

オノマトペにはスイングを良くする効果があります。

たとえば、小さな振り幅で鋭く振りたければ「パンッ！」、最後まで振り切るなら「パーン！」と長く伸びる音を唱えながら打つ。オノマトペをイメージするだけで、スイングが変わるのです。

私のスクールで試してみたところ、何も技術を教えていない人に「ドン！」とか「ダン！」というオノマトペをイメージしてもらうと上から打ち込み、「コーン！」や「カーン！」

だと当たりが薄くなりました。

音をイメージするだけでクラブの入り方を変えられるのですから使わない手はありません。たとえば、フェアウェイバンカーで後者のオノマトペを使えばハーフトップが打ちやすくなります。

また、ダフっている時とトップしている時では、ともに反対のオノマトペをイメージしながら振れば改善される可能性があります。ダフっていたら「カーン！」とか「コーン！」、トップが多ければ「ドン！」とか「ダン！」です。

私も取り入れていますが、正直こんなに効果があるとは思いませんでした。**傾向的に、ハ行のオノマトペには力が抜ける効果、サ行はスピード感が出る効果、濁音には力強さが増す効果がある。**最後に「ピタッ！」を入れるとフィニッシュも決まります。

ショットがダフり気味の時は「カーン！」や「コーン！」。トップが続いたら「ドン！」や「ダン！」のオノマトペが有効です

最後まで振り切る時は「パーン！」と伸びるオノマトペ。最後に「ピタッ！」と入れればフィニッシュも決まります。オノマトペをイメージするだけで、スイングは変えられます

スイング軌道の修正法

スイング軌道が不安定な時は「右足の踏み込み方」で修正

スイング軌道が安定しない時は、足の踏み方で安定させることができます。

ポイントはバックスイングでの右足の踏み方。右ツマ先側を踏みながらテークバック～バックスイングするとクラブがアウトサイドに上がります。反対に右カカト側を踏み込むとインサイドに上がります。

つまり、**右ツマ先側を踏めばアウトサイド・イン、右カカト側を踏めばインサイド・アウトのスイング軌道になりやすい。**

テークバックがアウトサイドに上がってカットに振りすぎるなら右カカトを、インサイドに引きすぎるなら右ツマ先を踏めば、スイング軌道が修正され安定します。

右足ツマ先側を踏む

右足のツマ先側を踏みながらテークバック～バックスイングすると、クラブがアウトサイドに上がります

右足カカト側を踏む

右足のカカト側を踏みながらテークバック～バックスイングすると、クラブはインサイドに上がっていきます

ヘッドの入れ方

ボールの位置を左右にズラして打つとグリーンに乗りやすい

ボールに対するヘッドの入り方をコントロールするには、ボールの位置を変えるのも有効。ボールの位置が変わるとヘッドの入り方が勝手に変わるからです。

普段の位置よりも左右にズラすと、バックスイングの軌道が変わります。右にするとバックスングはインサイドに、左にするとアウトサイドに上がりやすくなります。

左サイドを避けたい時は前者、右が怖い時は後者、というように使い分けできるほか、左端のピンを狙う時は右、右端のピンを狙う時には左にズラすとグリーンを外しづらくなります。

また、弾道は右に置くと低くて強め、左に置くと高くて弱めになるので、風の状態などによる打ち分けにも簡単に対応できます。

ボールが左＝アウトサイドに上がる

ラウンドは得意なほうでやりましょう。練習では不得意な方をやると、ニュートラルなスイングになっていきます

ボールが右＝インサイドに上がる

ボールの見方

ボールの左の地面に意識を向けて打つとヘッドが上から入る

120〜130ヤードの距離からグリーンに乗せるには、フルショットしない方法もあります。インパクトでヘッドを上から入れ、低く抑えた球を打つ方法です。いわゆる〝ライン出しショット〟。方向性が良くてボールが止まるメリットがあります。

ただ、練習不足のアベレージゴルファーが打ち方を変えるとミスしやすい。そこで私がおすすめしたいのは、**ボールの見方を変える方法**です。

ラインを出したい時はボールの左側を見て打ちます。ボール1個分、半個分、あるいは3分の1個分でもいいのでボールより左の地面を見て打つ。こうすると勝手にヘッドが上から入ってラインの出る球が打てます。

ボール3分の1個～1個分、ボールの左側の地面を見て打ちます

ヘッドが上から入ってボールがつかまり、ライン出しショットが打てます

スイング軌道のイメージ

スイング軌道は真円ではなく、楕円をイメージする

120〜130ヤードからダフりやトップが出てグリーンに乗らない人は、スイングのイメージを変えてみるのも手です。

ほとんどのアマチュアゴルファーは、真円に近いスイング軌道をイメージしていますが、これがミスの素。手だけで振って体を使えないスイングになったり、体を回そうとしすぎてカカト体重になり、フォローでクラブを左に引き込みやすくなります。

円をイメージするのはいいですが、**真円ではなく楕円をイメージすること。**円周上の一点でクリーンにボールを拾うのではなく、リーディングエッジがボールの赤道にコンタクトしたあとに、ヘッドが薄く地面に潜るような楕円をイメージしましょう（左ページ参照）。

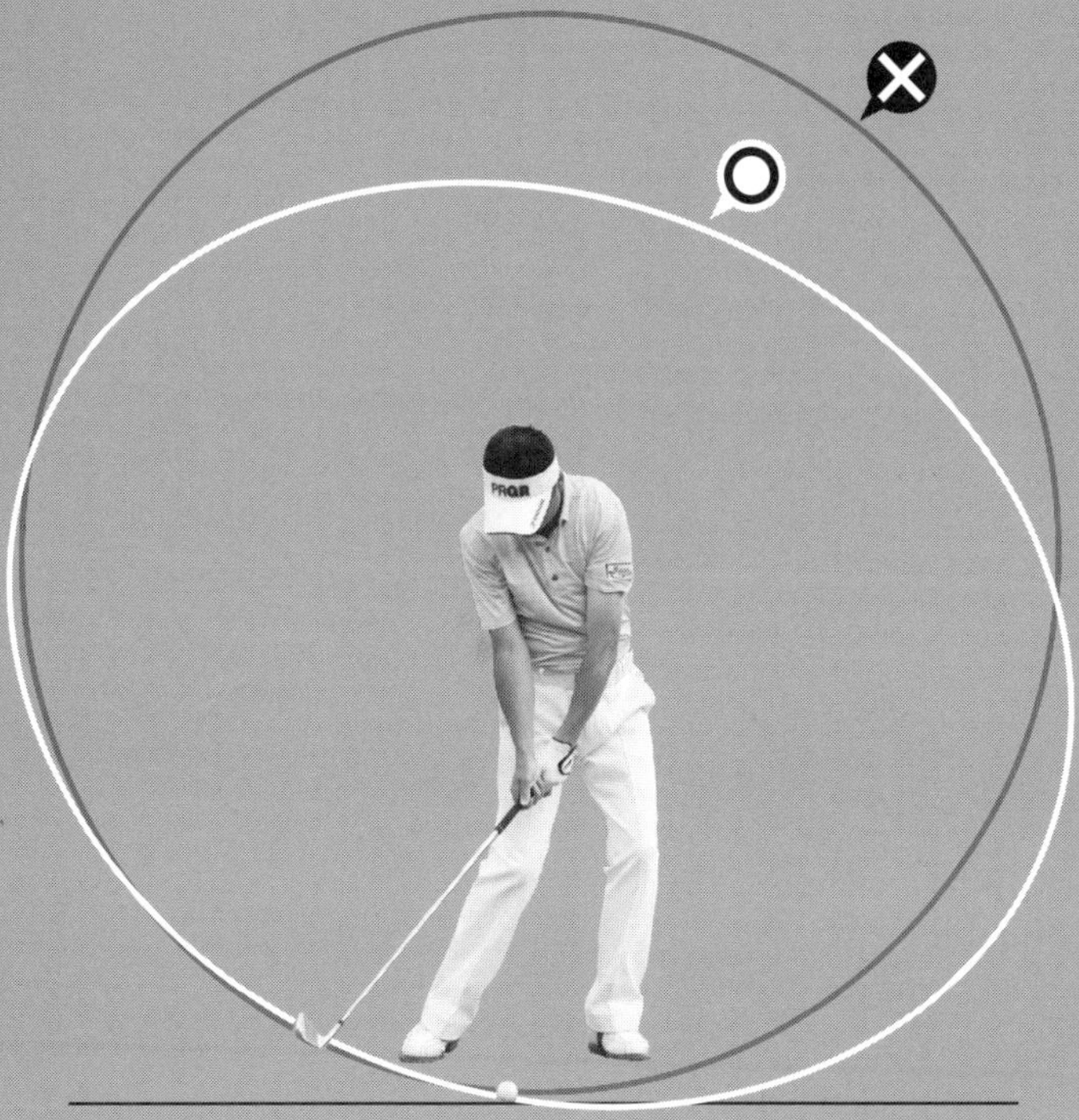

スイング軌道は真円ではありません。写真のように楕円をイメージすると、リーディングエッジがボールの赤道付近にコンタクトしたあと、ヘッドが地面に薄く潜るダウンブローの軌道になります

動きのイメージ

バックスイングの大きさに対してフォローを小さくする

楕円のスイング軌道をイメージできたら、次はスイングの動きを意識しましょう。

簡単に言うと、**「後ろを大きく、前を小さく」振る。バックスイングの大きさに対してフォローを小さくするのです。**

こう振るとダウンスイングで体が浮かなくなり、スイング軌道が楕円になります。

フルスイングした場合、すくい打つ傾向がある人は、どうしてもフォローサイドに向かって力を使いすぎます。

フォローを小さくすれば、エネルギーを下にとどめておけます。結果的に上からボールにコンタクトできるので、ひどいダフりやトップが減るのです。

○

バックスイングの大きさに対してフォローを小さくすると、フェースがボールに当たる領域が広がります。上からボールにコンタクトするので、ダフりやトップもなくなります

×

ダウンブローの打ち方

インパクト〜フォローでトゥを下に向けるように振る

インパクトからフォローでヘッドの使い方を変えるとダウンブローに打ててグリーンをとらえやすくなります。

ポイントはトゥを下に向けるように振ること。手首を親指側に折らず、小指側に伸ばしながら打つ感じです。

こうするとインパクトがゾーンになってボールを長く押せるため、飛距離、方向性ともに安定します。

トゥが早く上を向くとインパクトが点になる。球が浮かなかったり、弾道が弱くなる原因のひとつがこれ。クラブが体の中心と切り離されます。スイングでは速く振ることより、クラブが体の中心とつながっている時間を長くすることが大切なのです。

○

トゥを下に向けるように使うとインパクトがゾーンになり、飛距離、方向性ともに安定します

×

トゥが上を向くとインパクトが点になります。打球が上がらない、弾道が弱い、といった原因になります

トップ防止法

両ヒザを曲げながらダウンスイングすればトップしない

9番アイアンでグリーンを狙うショットでは、下方向に力を使うこと。アベレージゴルファーはボールを上げようとして、下から上にすくい打つ傾向がある。飛距離がほしいクラブで出る動きが、ショートアイアンやウエッジにまで伝染しているのです。

120～130ヤードでこれをやるとトップしてグリーンをオーバーしやすい。グリーンが気になって、体が早く起きやすいので余計にそうなります。

これを防ぐには、**体を沈ませながら打つこと。**ボールに向かうヘッドに体の動きを同調させてエネルギーを真下に下ろします。

トップが頻発するなら、両ヒザを曲げながら打ちましょう。ボールの左を意識すれば(前項参照)、ダフらずダウンブローに打てます。

ヘッドは下に向かいます。これに同調させて、体を沈ませながら打つ。両ヒザを曲げながら打つことで薄い当たりがなくなり厚くインパクトできます

ダフり防止法

ダフりが多ければ右のカカトを浮かせながら打ってみる

ダウンスイングで右足のカカトを蹴る、あるいは浮かせるとダフりがなくなります。

ダフりの原因はダウンスイングで右肩が下がったり、手首のリリースが早くなること。その結果、体が右に傾いてダフります。

この時、右足は踏まれて地面にベッタリ着いています。

ここで右足がポンと上がって左足を踏めれば、体が右に傾かないのでダフりません。多くの人は、頭を固定しすぎて体が右に傾きます。

スイング軌道を楕円にするためにも、頭を残すことはあまり考えず、思い切って右のカカトを浮かせながら打ってみましょう。

ダフる時、右足は地面に着いています。ダウンスイングで右足がポンと上がると、体が右に傾かなくなりダフりを防止できます

引っかけ防止法

フォローではターゲットに向けてクラブを突き出す

先に（78ページ）記したように、スイング軌道とフェースターンがセットになっているとミスショットが出やすくなります。

よくあるのはボールをつかまえようとして、フォローでクラブを左に引っぱり込む動き。引っぱり込みつつフェースをターンさせるから引っかかる。9番アイアンだと致命的なミスになりかねません。

これを防ぐには、**フォローでターゲットに向けてクラブを突き出すこと**。その代わり、フェースはターンさせて構いません。こうすれば、多少つかまりすぎてもグリーンを外れないボールが打てます。

フォローではターゲットに向けて
クラブを突き出します。この時
フェースはターンします

フォローでクラブを右に押し出したり、左に引っ張り込むとグリーンを外しやすくなります

第４章

カンタン練習法
～100％乗る技術を習得しよう

練習法1

左右のボールの位置を変えて、ダフりやスライスを撲滅

左右のボールの位置を変えて打つだけで、たくさんの効果があります。

ボールを左に置いた場合、ダウンスイングで左に体重移動しながらでないと打てません。ダウンスイングで右足に体重が残ってダフる人にはオススメのドリルです。

また、ボールをすくい打つクセがある人は、ヘッドが上から入るようになります。

ボールを右に置くと、ダウンスイングで手が先行しなくなります。スライスやシャンクの原因となる手先先行の振り遅れがなくなります。

これらのドリルを行う際は、できるだけ極端にボールの位置を左右にズラすこと。こうすると傾斜のショットへの対応力も養えます。

ボールを右に置いて打つ
ダウンスイングで手が
先行しなくなります
PRGR

ボールを左に置いて打つ
ダウンスイングで左に
体重移動しながら打て
るようになります
PRGR

練習法2

前後のボール位置を変えて打つと、左右へのブレがなくなる

前後のボール位置を変えて打つだけでもいいドリルになります。

ボールの位置を前後に動かすと重心の位置が変わります。体から遠ざけるとツマ先側に、近づけるとカカト側に重心がきます。

この状態はボールを左右に打ち分ける時と同じです。すなわち、ツマ先側重心で打つとボールは右に飛びやすく、カカト側重心で打つと左に飛びやすくなります。

これらを交互に繰り返して打てば、バランスのいい重心で打てるようになります。右に飛ぶようならボールに近づき、左に飛ぶようなら遠ざかって打ちましょう。

ボールを遠くに置いて打つ

ツマ先体重で打つことになり、ボールが右に飛びやすくなります

ボールを近くに置いて打つ

カカト体重で打つ形になり、ボールは左に飛びやすくなります

練習法3

インパクトで止められると、ボールがつかまる

インパクトで止める。あるいは、打ったあとできるだけヘッドを地面に近づけておくようにすると、ヘッドが上から入ってすくい打ちがなくなります。

やり方は簡単です。バックスングは普通でいいので、インパクトで止めるつもりで打つ。ボールに当たったらヘッドを引き戻すくらいの感じでもＯＫです。

ミスショットの原因のひとつに、手が先に動いて体の中心からズレることがありますが、これは体でなく手先で打っているから。手で打っていると、インパクトで止めることができません。止まれれば体で打てているということです。

このドリルをやるとインパクトの感触が変わり、ボールがつかまるようになります。

手打ちだと、インパクトで止まりません。止まれれば体で打てているということ。当たった瞬間にヘッドを引くくらいの感じをもつといいでしょう

練習法4

「ティアップしたボール」と「地面に置いたボール」を交互に打つ

アドレスやスイングでボールの左右を意識することはあっても、上下を意識することはないと思います。

ボールは球体ですから厚みがあります。

しかも約4センチもあります。この厚みを意識できると、リーディングエッジを入れる位置をコントロールでき、いろんなライから打てるようになります。

練習法としては、**ティアップしたボールと地面に置いたボールを交互に打つ。**

ともにボールだけをクリーンに打てれば、リーディングエッジの上下をコントロールできています。ティを打ったり、ボールの上を打ったりしないよう練習してみてください。

マットの上

マットにあるボールとティアップしたボールを交互に打ちます。双方ともボールだけクリーンに打てるようになること。いろんなライに対応できます

ティアップ

振り幅をコントロールする時は、ヘッド側を持って振る

120～130ヤードの距離からグリーンを狙う場合、コントロールショットを打たなければならないことがよくあります。

そんな時はフルスイングせず、振り幅をコントロールしますが、いざボールを打つ段になるとそのとおりに振れない。力が入ってイメージしたより振り幅が大きくなったり、緩んで小さくなったりしがちです。

ヘッドの重さによって、自分のイメージと実際のスイングにズレがおきるからです。

これをなくすには**クラブをひっくり返し、ヘッド側を持って振り幅を調整しましょう。**

重量のあるクラブの先端に引っぱられないので正確な振り幅をつかめます。

クラブをひっくり返し、ヘッド側を持って振るとヘッドに引っぱられないので、正確な振り幅を把握できます

練習法6

手の位置を変えず、手首のターンでボールを弾き飛ばす

先記（82ページ）したように、スイング軌道を整えただけでは目標にボールを運べません。軌道に加えてフェースターンが入らないと狙った距離が出ないのです。

そのフェースターンを養成するのがこのドリル。左ページの写真のように、アドレスの位置に手首を固定したままボールを打ってみましょう。

フェースターンが正しくできていれば、手首のターンだけでボールを弾き飛ばせますが、手元が動くとできません。

ポイントはグリップエンドをヘッドと逆側に動かすこと。手元の位置が、おへその前から動かないように注意しましょう。

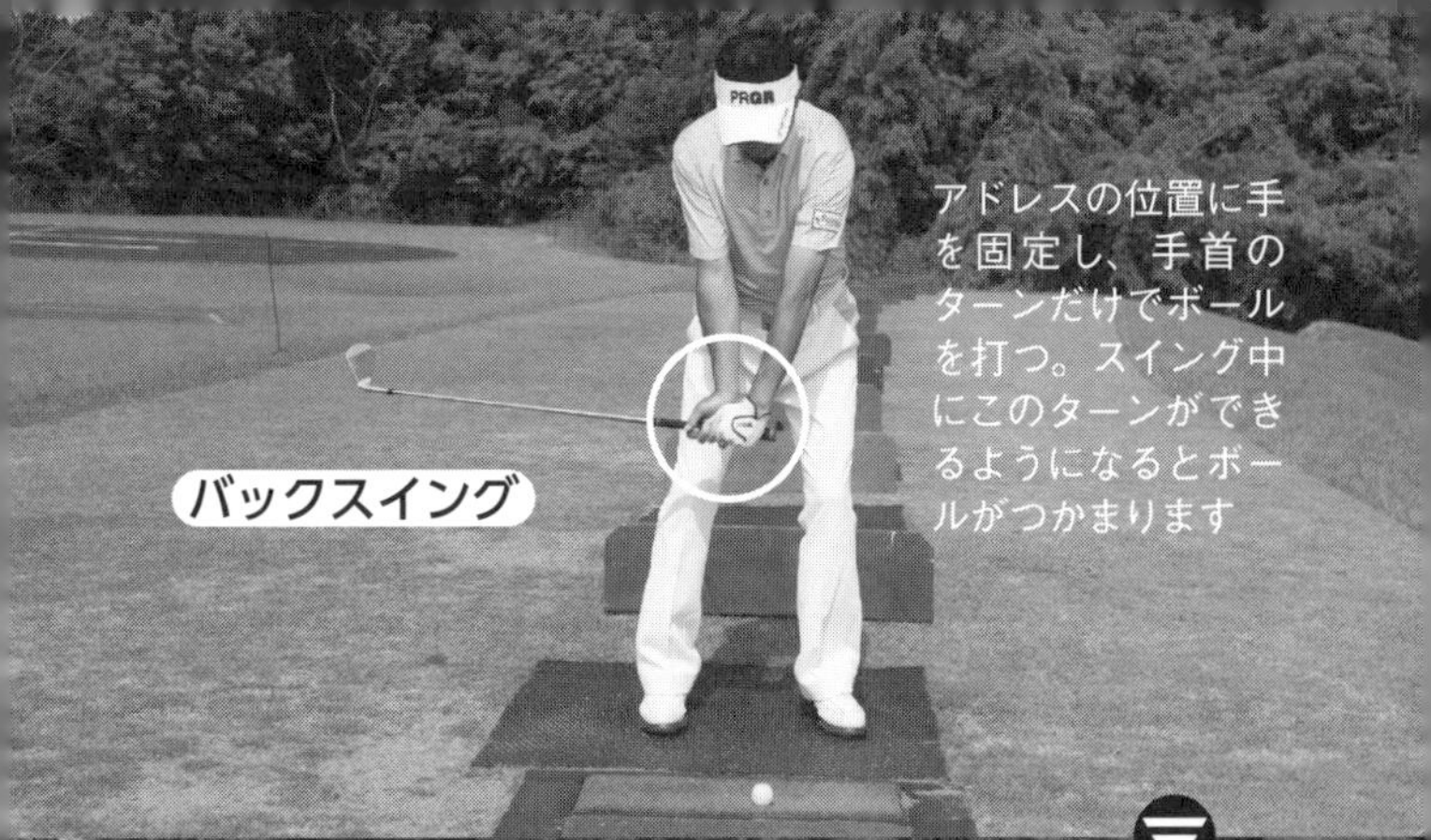

アドレスの位置に手を固定し、手首のターンだけでボールを打つ。スイング中にこのターンができるようになるとボールがつかまります

練習法7

ネック部分を持ち、クラブを左ワキ腹につけたまま振る

クラブのネックの部分を持ち、余ったシャフト部分が左のワキ腹に軽く食い込む感じになるように構えて振ってみましょう。

手を使ってスイングしていると、ダウンスイングからインパクト、フォローへと動く過程でクラブが体から離れてしまいます。

これに対し、**体の回転を主体にして正しく振れると、インパクトからフォローで、アドレスした時のようにクラブが左のワキ腹に当たり、体に食い込みながら一体化して動きます。**

クラブの角度を変えることで、ツマ先上りとツマ先上がり、ボールがつかまっていない時、引っかけている時の対応策も身につきます。

写真のようにクラブを持って振ります。体を使って振れると、インパクトからフォローでクラブが左のワキ腹に着いたまま、体と一緒に動きます ○

手打ちになっているとクラブが体から離れます ×

練習法8

懐中電灯の明かりで、正しいスイング軌道を身につける

ここから2つは部屋の中でできる練習法です。

ひとつめはシンプルで、クラブの代わりに懐中電灯を持ちます。点灯した時に、光が床面を照らすようにしてください。

この状態で懐中電灯をクラブのように振るだけ。

インパクト前後では、光がまっすぐ動くように振ってください。

左右に壁があれば、そこを照らす明かりにも気をつける。手先を使って振り、体と手がバラバラに動くと、光が極端にインサイドやアウトサイドを照らします。

インパクト前後では、床を照らす光がまっすぐ動きます。光が極端にインサイドやアウトサイドを照らさないようにスイングしましょう

練習法9

ゴムを下に引っぱって、ダウンブローの打ち方を覚える

ダウンスイングからインパクトで手元が浮くと、フェースが開いてスライスしたり、すくい打ちになってトップします。そんな動きを矯正するのがこの練習法です。

使うのはちょっと太くて長めのゴムひも。片方の端を腰くらいの高さで、ドアノブなど引っぱっても動かないところにくくり付けます。そしてもう片方の先端を、クラブを握る要領で握り、ダウンスイングの動きをします。

この時に手が浮いて、ゴムが上に引っぱるように伸びてはいけません。**ゴムを下に引っぱるように動くとダウンブローで打てます。**この動きを繰り返すことで、クラブが上から下に振れるようになるのです。

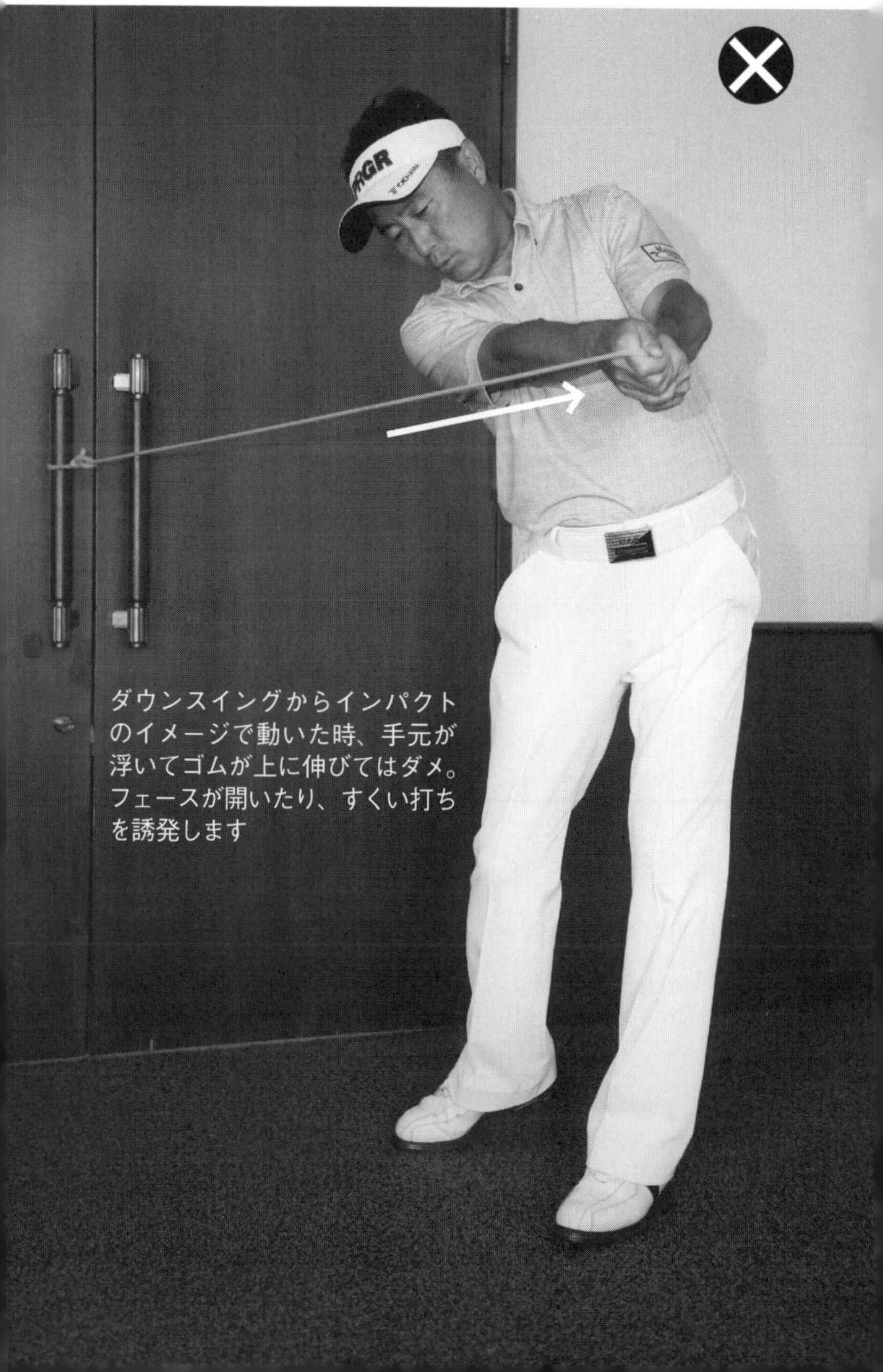

ダウンスイングからインパクトのイメージで動いた時、手元が浮いてゴムが上に伸びてはダメ。フェースが開いたり、すくい打ちを誘発します

ゴムが下に引っぱれて伸びるのが、正しいダウンスイング。この動きが身につけば、クラブが上から下に振れます

第5章

状況別対処法

～どんなシチュエーションからも
グリーンを狙う！

フェアウェイから乗せる

軸を左に移しながら下に向かってクラブを振る

フェアウェイから打つ時は、必ずクラブを3本持って行きます（28ページ参照）。使用クラブを決めたら、真ん中に置いたボールに対し、左右均等の体重配分でアドレスします。この時、軸を体の中心に意識しましょう。

ライがいい時ほど、下に振る意識をもつのが乗るスイングのコツ。ボールを上げようとするとインパクト～フォローで左ワキが空きます。また、強く叩こうとするとダウンスイングで上体が突っ込んでダフります。

こういった動きを防ぐには、**軸を左に移しながら下に向かってクラブを振ること。**「上げよう」とか「叩こう」ではなく、スムーズに動くことを考えるだけでOKです。

アドレス

ボールの位置は両足の真ん中。スイング軸を体の中心に意識し、左右均等の体重配分でアドレスします

スイング

ダウンスイングで軸を左に移しながら下に向かってクラブを振っていきます

×

自分でボールを上げようとすると左ワキが空いてミートできません

下からすくい上げると右肩が落ちます。これはダフる原因にもなります

フェアウェイからのスイング

アゲンスト&フォローで乗せる

アゲンストはボールを右にフォローはちょっと左に置く

アゲンストの風で打つ場合は、クラブの番手を上げて短く持ちます。ボールの位置は右足の前くらい。あまり打ち込みすぎるとスピン量が増えてしまうので注意しましょう。

スイングはバックスイング、フォローともに小さめ。ロフトを立ててしっかりミートしてください。

風がフォローの時は、ボールを真ん中よりボール半個分ほど左に置きます。

強くインパクトせず、フェースに乗せる感じで、振り幅を気にせずスイングするのがポイント。打ったあと、フォローでクラブを上にもっていくようにしましょう。

フォローのアドレス

ボールの位置が真ん中よりボール半個分ほど左にくるように構えます

アゲンストのアドレス

ボールの位置は右足の前くらい。ハンドファーストに構えます

フェースに乗せる感じでスイングします。打ったあと、クラブを上に運ぶイメージをもちましょう

アゲンストのフォロー

クラブの番手を上げて短く持ちましょう

バックスイング、フォローともに小さめ。大きなフォローは不要です

アゲンストのスイング

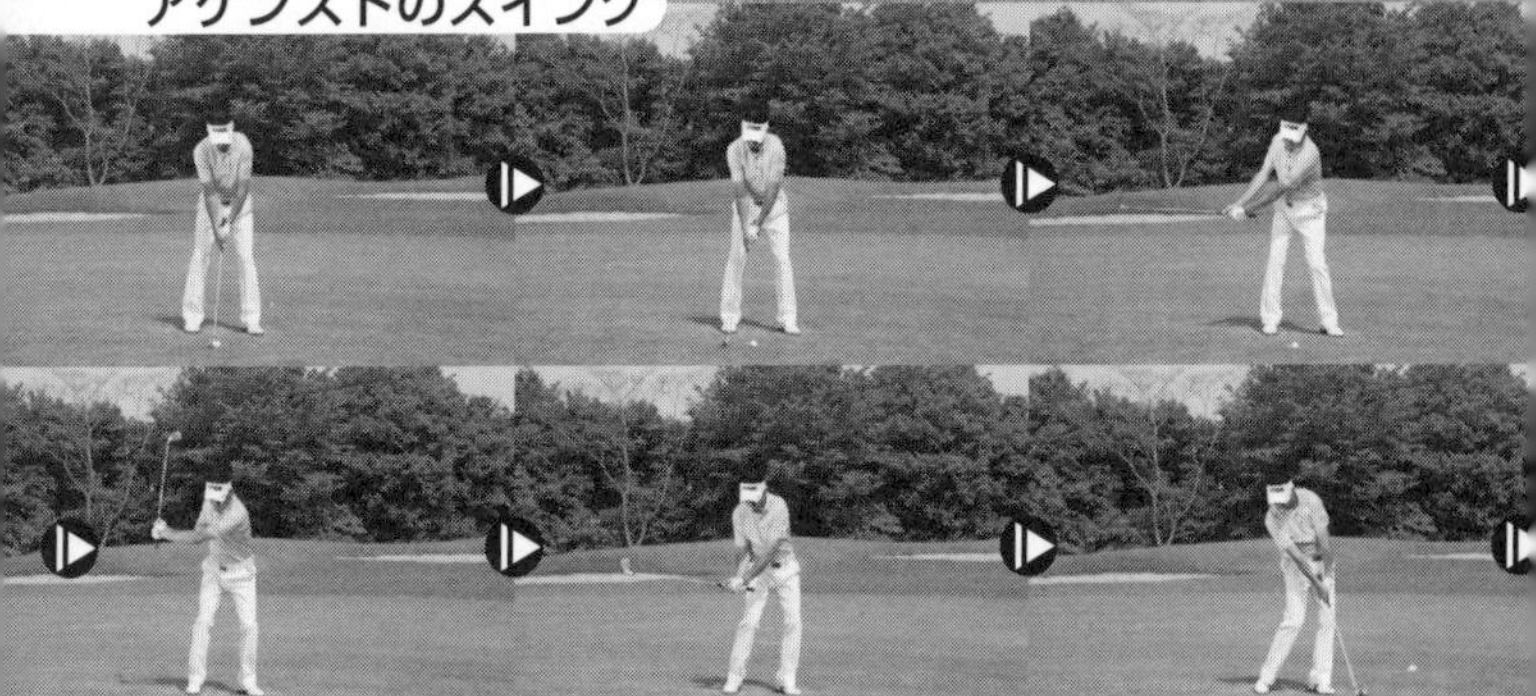

打ち上げで乗せる

足元に集中し、左右均等の体重配分でインパクト

打ち上げで乗せるには、自分でボールを上げようとしないこと。言うまでもなく、ボールを上げるのはクラブ。スイングで上げる必要はありません。

アドレスではクラブを正しい状態に置くこと。地面に対してロフトが生きるようにクラブをセットします。ボールを上げたい気持ちがあると、アドレス時に右肩が下がってフェースが上を向くので気をつけてください。体重配分は左右均等です。

スイングで大事なのは目標方向ではなく足元に集中すること。アドレスの体重配分を変えずにインパクトします。事前に振り幅を決めておき、その幅をしっかり振る。フォローではなるべくヘッドを低く保ちましょう。

体重配分は左右均等。体のラインを地面と平行にします

打っていく方向が上がっていると右肩が下がるので注意

アドレス

フラットなライなので、シャフトの角度を変えずクラブのライ角どおりにアドレスします

スイング

クラブがボールを上げるので、自分でボールを上げる必要はありません

上げようとする人は、低いフィニッシュをイメージして振りましょう

フォローではヘッドを低く保ちます

スイングでは足元に集中しましょう。事前に決めた振り幅をしっかり振り切ること

打ち上げのスイング

打ち下ろしで乗せる

打球の高さをイメージして、目線の高さを整える

打ち下ろしの状況でグリーンを狙う場合、まず打球の高さをイメージして目線の高さを整えます。

下方向にあるグリーンやピンを見ると目線が下がりやすい。そのまま打つと上体が突っ込んでダフります。

打球の高さがイメージできて思った方向に向けたら普通に振ればOKですが、すくい打ちしやすい人はやや下に、上から入りやすい人はやや上に振っていきましょう。

風がアゲンストの場合はクラブを1番手上げ、短く持ちます。スイングはバックスイング、フォローともに小さめに。

低めの弾道をイメージし、ミートすることを心がけて打ってください。

アゲンストでは１番手上げて短く持つ

目線が上がらないようにします

アドレス

目線さえ気をつけておければ、アドレスはノーマルでOKです

フォローとフィニッシュはコンパクト。フルスイングではなくコントロールショットをするのが理想です

ボールが上がりすぎると風の影響を受けるので、大きなフォロー&フィニッシュはとりません

打ち下ろしのスイング

ラフから乗せる

8番アイアンでフェースを上に向け、ソールの滑りを良くする

打てる深さのラフからグリーンを狙う時は、9番から8番にクラブを替えます。そのまま打つと飛びすぎる可能性があるので、少しフェースを開いてアドレス。こうするとソールが滑って抜けが良くなる効果もあります。ただ、あくまでラフなので、芝に負けないよう左手のグリップだけは強めに握っておきましょう。

気をつけてほしいのは**フェースが目標を向くように構えること。**開くとフェースを右に向ける人がいますが、それだと右に飛んでしまう。開いた分、体を左に向け、フェースはあくまで目標を向くように構えること。開いたことで、8番を9番のロフトで打つことができます。

これができたらあとは振るだけ。上から打ち込まず、ボールの手前から芝を倒していくようにする。芝を擦る時間を長くとりましょう。

アドレス

①
使用クラブは８番アイアン

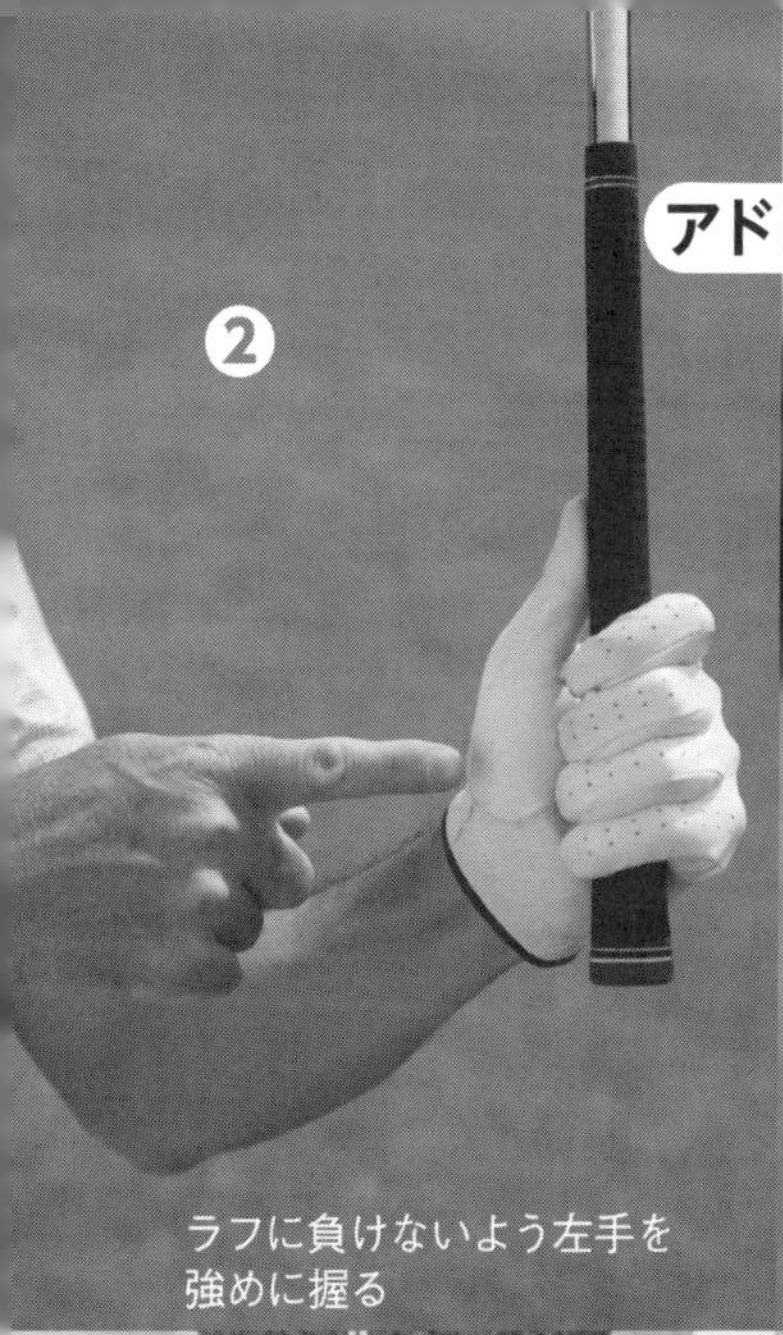

②
ラフに負けないよう左手を
強めに握る

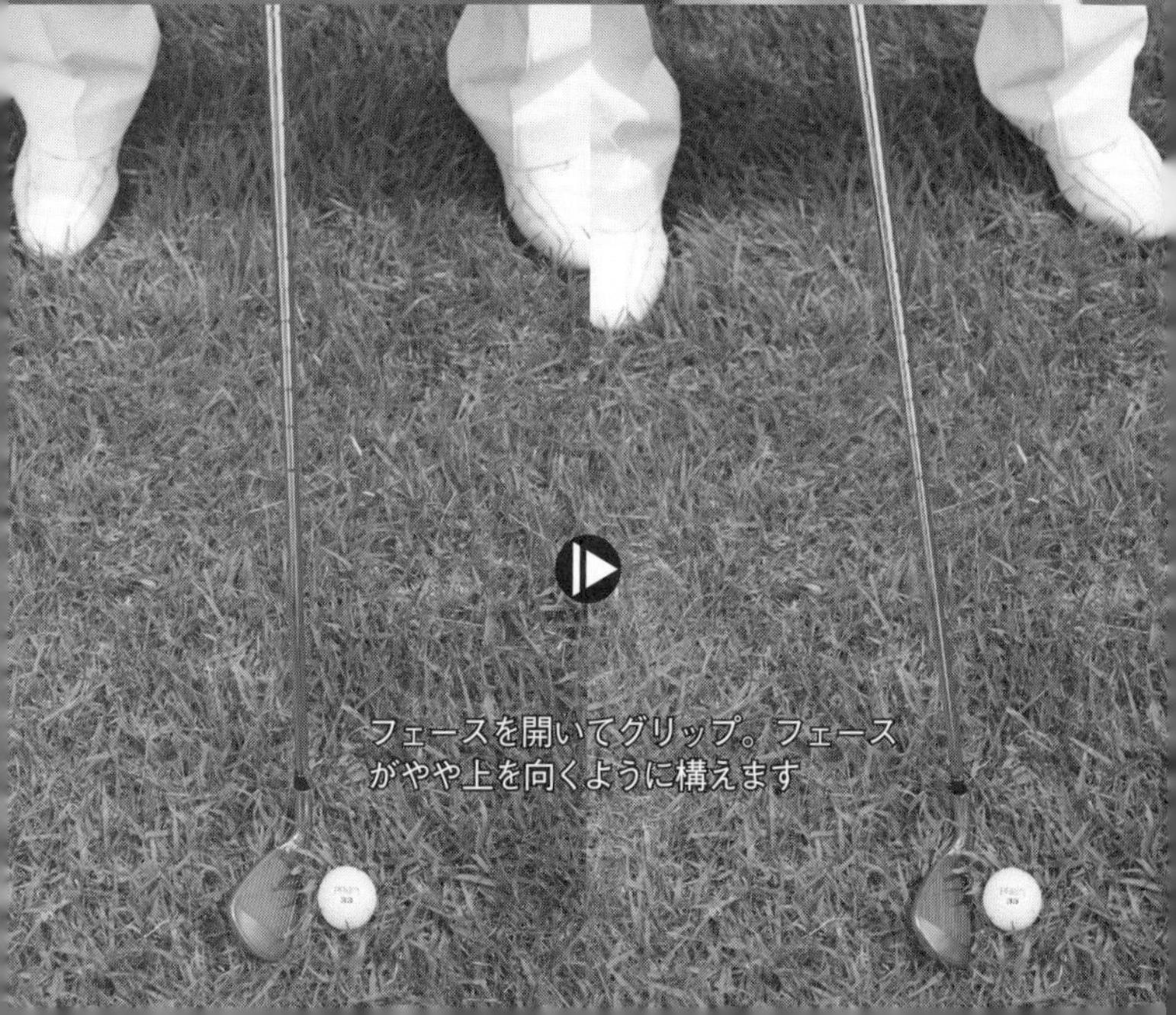

フェースを開いてグリップ。フェース
がやや上を向くように構えます

スイング

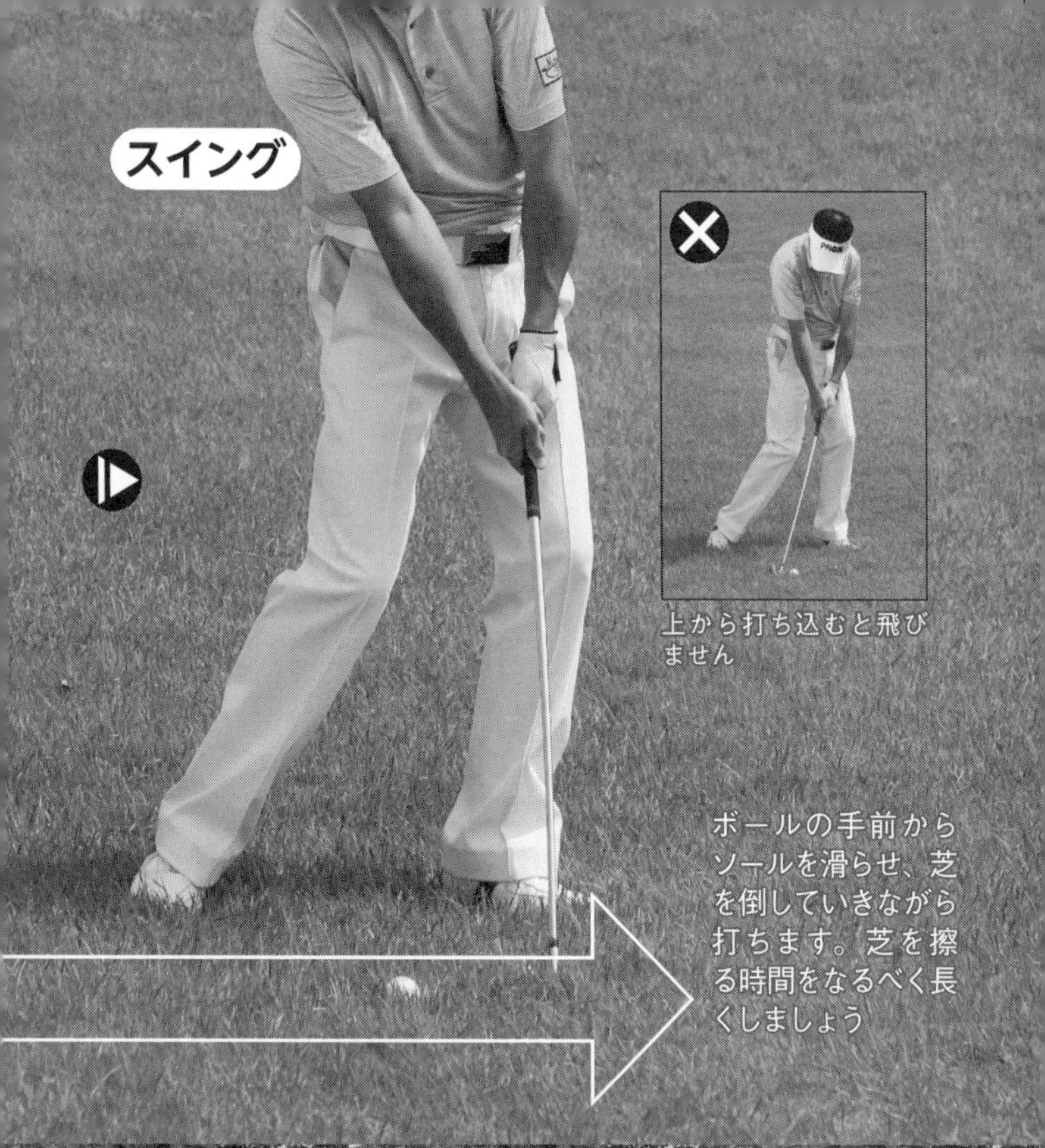

上から打ち込むと飛びません

ボールの手前からソールを滑らせ、芝を倒していきながら打ちます。芝を擦る時間をなるべく長くしましょう

ラフからのスイング

ハザード越えで乗せる

グリーンに乗るイメージを明確にして、最後まで振り切る

池越えやバンカー越えのミスのほとんどは、気持ちの問題で起こります。ボールが空中を飛べば、池もバンカーも関係なし。ハザードに心を奪われないことが第一です。

打つ前に必ずやってほしいのは弾道をイメージすること。打球の高さと飛距離を頭の中で描き、イメージの中で必ずグリーン上にボールを落下させてください。イメージした弾道が高すぎると体が右に傾くので、あまり高いボールはイメージしないこと。このイメージを消さずに、アドレスではスクエアに構えます。

ハザードに捕まる人の共通点はスイングが途中で終わることなので、**絶対に最後まで振り切るようにしてください。**

クラブのロフトが寝ないように気をつけます
グリーン上にボールが乗るところまでを含めて打つ弾道をイメージします
このイメージを消さずに、アドレスではスクエアに構える
アドレス

スイング
普通に振ればボールは上がる。すくい打つクセがある人は、フォローでヘッドを低い位置に保ちましょう
○
PRGR
PRGR

ハザード越えのスイング

左足上がりから乗せる

右足を軸にして、ボールをすくい上げるように打つ

左足上がりではクラブのロフトが寝て飛距離が落ちるため、2番手を基本に番手を上げます。9番ならまず7番を考え、それで大きそうなら8番にするという具合です。

アドレス時のボール位置は真ん中よりボール1個分右。傾斜がきつくなるほど球の位置を右にして、傾斜なりに右足体重で立ってスクエアに構えます。

急傾斜になるほど右足に体重が多く乗り、低い方に体が傾いたアドレスになります。

スイングでは体重移動をしません。アドレス時の体重配分のまま、ボールをすくい上げるようにスイングしましょう。

右足を軸に、傾斜に沿ってクラブを振る。自分の体の右サイドでスイングするイメージをもつとうまくいきます。

アドレス
傾斜なりに右足体重で立ちます。ボールの位置は真ん中よりボール1個分右寄りです
PRGR

クラブは2番手上げるのが基本。それで大きすぎるようなら8番を使います

斜面にぶつけるように打つと距離感が出ません

最後まで右足に体重を残し、フォローであおる感じです

スイング

体の右サイドでスイングするイメージ

右足体重のまま斜面に沿ってヘッドを動かします

左足上がりのスイング

左足下がりから乗せる

打ったあと、目標方向に歩き出せるようにスイング

左足下がりはロフトが立って強いボールが出るので、クラブを1番手下げます。アドレス時のボール位置は真ん中よりボール1個分左。傾斜がきつくなるほど左にします。体重は左足にかける。傾斜の度合いに関わらず、左足1本で立つくらいの感じで左足体重にしておけばいいでしょう。

スイングではちょっとでもボールを上げようとするとトップしますから、終始左足体重のままフォローを低く出します。打ったあともヘッドを跳ね上げず、目標方向に歩き出すくらいのバランスで振ってください。

スイング軸は左足、右サイドのことは考えず、体の左側でスイングするイメージです。肩の高さで終わるくらいのイメージでフィニッシュまで振り切らないこと。

アドレス

ロフトが立つので一番手下げます

左足一本で立つつもりでアドレスする感じで丁度いいでしょう

打ったあと、目標方向に歩き出すつもりで振りましょう

体の左サイドで振るイメージが有効

スイング

ちょっとでもボールを上げようとしたらトップします。左足体重のまま斜面に沿って低くフォローを出します

左足下がりのスイング

ツマ先上がりから乗せる

フェースを開いてアドレスし、上から下に向かって振る

ツマ先上がりは左に飛びやすいライ。さらに9番は、ロフトが大きいせいでフェースが左を向くため7番アイアンを使います。ただ、それでもまだ左に飛ぶのでフェースを開きます。ボールが近くなる分クラブを短く持ち、フェースを開いた状態でグリップ&アドレスしてください。ボールの位置は真ん中でいいでしょう。

このライからはフックを打つ感じで、インサイド・アウトで下から上に振る人が多いですが、それだと打球がグリーンに落ちても転がってこぼれてしまいます。

ここではフェースを開いていますから、スイングはまったく逆。フォロー側にヘッドを早く落とすように、上から下に向かって振ってください。

こうすることでグリーン上に止まる球が打てるのです。

アドレス

❶ 使用クラブは7番アイアン

❷ クラブは短く持つ

❸ フェースを開いた状態でグリップ

❹ フェースが目標の右を向く

フォローはインサイドに
低く振り抜きます
フォローではヘッドを
低く出します

スイング

バックスイングはアウトサイドに高く上げます

下から上にフックを打つように振らない

ツマ先上がりのスイング

ツマ先下がりから乗せる

左ヒザを左に向ける感じで、ヒザを目標方向に送り込みながら打つ

バランスがとりづらいライなので、スタンス幅を広くして下半身を安定させます。低いところにあるボールにヘッドを合わせるには、ヒザを曲げて重心を落とす。くれぐれも前傾を深くしないでください。ボールの位置は真ん中です。

スイングではフットワークを使います。両ヒザを柔らかくしておき、バックスイングで伸びないように気をつけます。**そしてダウンスイングからフォローでは、左ヒザを左に向ける感じでヒザを目標方向に送り込みながら打ちましょう。**

このような形で振り切れると、ツマ先下がりでもボールは右に飛ばないので、スクエアに構えて目標方向にスイングできます。

ボールの位置は真ん中。スタンス幅を広くとり、ガニ股気味で立ちます。前傾を深めず、ヒザを曲げて重心を落としてボールに届かせます

前傾が深くならないように注意

アドレス

左ヒザを左に向けるように動きます

フットワークを使ってスイング。終始ヒザが伸びないようにして、ダウンスイングからフォローで目標方向に送り込みます

ツマ先下がりのスイング

ディボット跡から乗せる（ボールが先端にある時）

ボールを押し込むように打ち、ボールの先のターフをとる

ボールがディボット跡の先端側（アドレス姿勢から見てディボット跡の左端）で止まっている状況では、**使用クラブを一番手下げ、ボールを押し込むようなイメージで打ちます。**

ボールの位置は真ん中よりボール１個分ほど左。アドレスでボールの赤道か、それよりやや下にリーディングエッジを入れるイメージをもちます。

スイングでは、アドレスでイメージしたところからヘッドが下りていき、ボールを押し込みながら、その先のターフをとれれば最高です。重心を左へ移しながら打つ感じでスイングすると、左寄りに置いたボールがインパクトで体の真ん中にきて、ボールにしっかりエネルギーが乗ります。大きなフォローはいりません。

インパクトでボールが体の真ん中にくるように、左に体重移動しながら打つ

ボールがディボット跡の先端

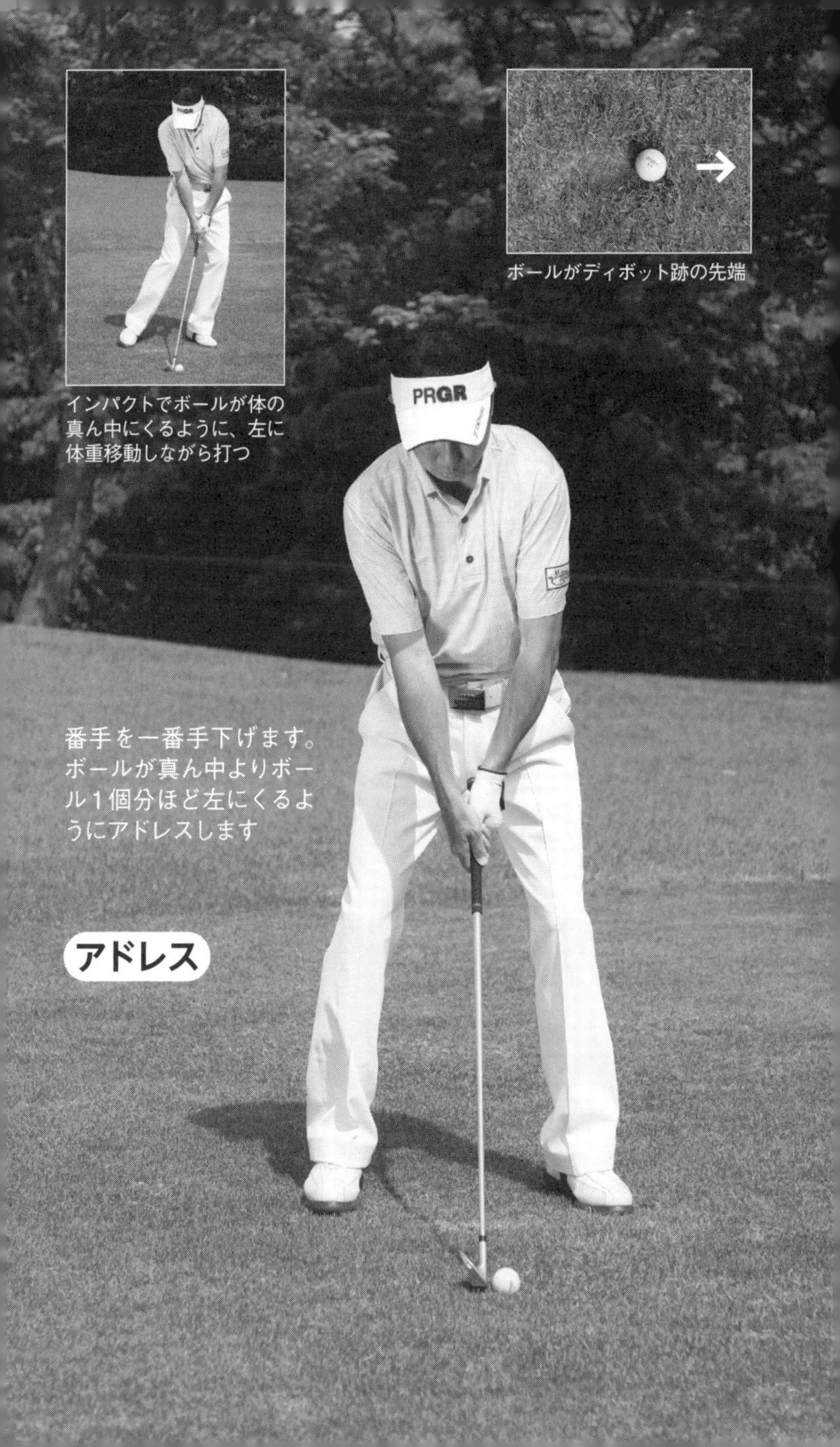

番手を一番手下げます。ボールが真ん中よりボール1個分ほど左にくるようにアドレスします

アドレス

スイング

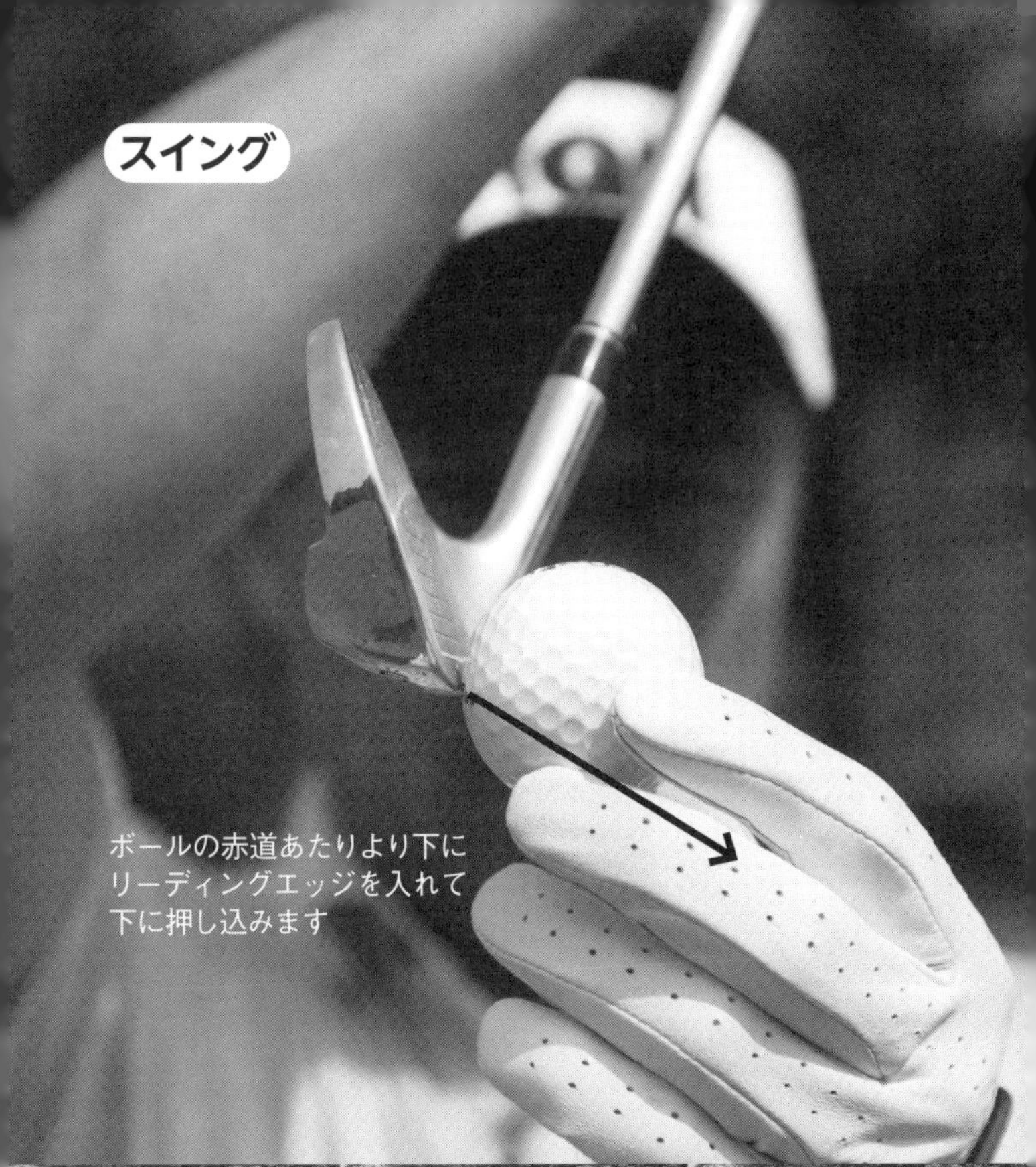

ボールの赤道あたりより下に
リーディングエッジを入れて
下に押し込みます

ボールの先のターフをとるつもりで、ヘッドを押し込みながらヒットします。フォローはあまり出しません

ディボット跡からのスイング

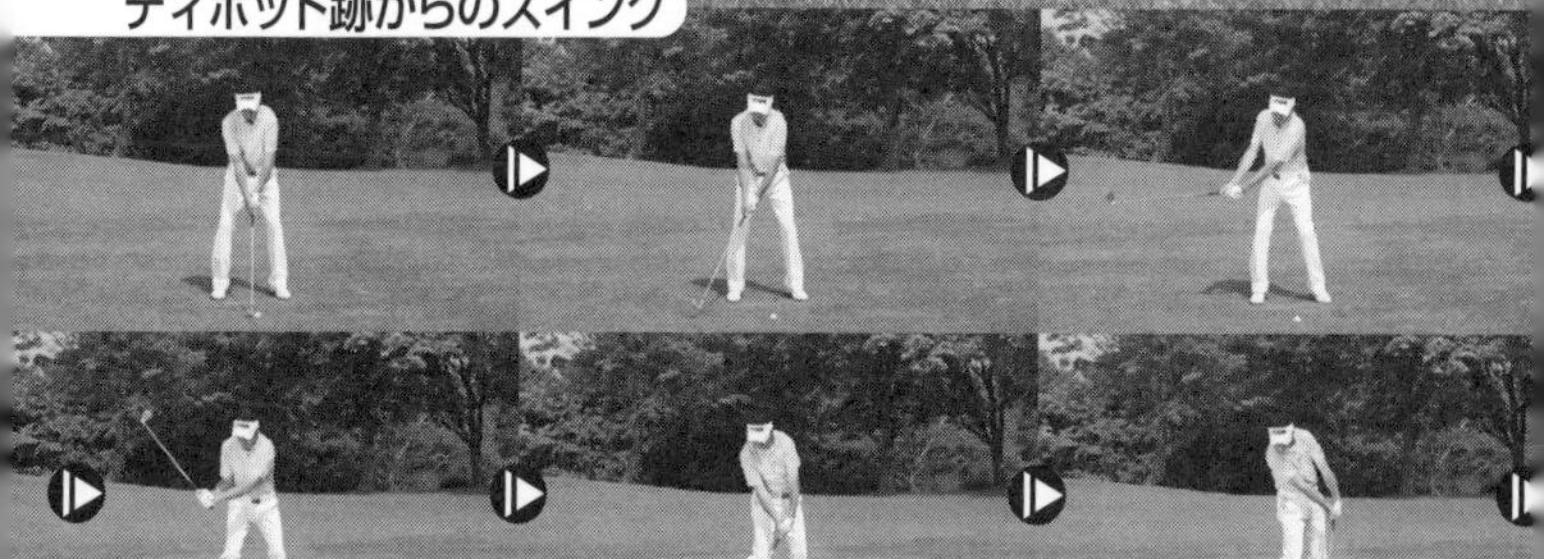

ディボット跡から乗せる（ボールが後端にある時）

ややトップ気味のイメージで、ボールをすくうように打つ

同じディボット跡でもボールが後端（構えた状態から見てディボット跡の右端）にある時は、ヘッドが入っていくスペースがありません。**ボールを上から押し込めないので、ややトップ気味のイメージでボールをすくうように打ちます。**

ボールの位置は真ん中。**ハンドファーストにならないようにアドレス**してください。

スイングでは振り幅が大切。ボールが先端にある時は、あまりフォローが出せませんが、こちらではしっかり出す。打つ前に振り幅を決めておき、そこまでしっかり振り切るように心がけましょう。

ボールを上げようとするとトップするので、**レベルに振るイメージ**をもってください。

シャフトを真っすぐ立てて構えます

ボールがディボット跡の後端

ボールの位置は両足の真ん中。腕とクラブでY字ができるようにアドレスします

アドレス

ボールを打つ意識よりも体をしっかり回してスイングする意識が大切。レベルスイングを心がけましょう

ディボット跡からのスイング

林の中から木を越して乗せる

体を右に傾けてアドレスし、左肩が浮かないように打つ

前の木を越せるかどうかは、ボールと木を結ぶラインを底辺とする正三角形の頂点から双方を見て弾道をイメージ。ボールがどれだけ上がれば越せるかを判断します。

確実にボールを上げなければいけないので、**アドレスでは軸を右に傾けておきます**。体重配分はマックス7：3で右足体重。ダフりやすくなるのでこれ以上右足体重にはしないこと。ボールの位置は変わりませんが、右傾した分だけ左寄りに感じます。

スイングのポイントはただひとつ、アドレス以上に**左肩を浮かせないことです**。左肩が浮く＝右肩が下がるということ。基本的にダフるリスクが高いスイングなので右肩の下がりすぎは禁物です。アドレス時の右足体重のバランスを崩さないよう振り切りましょう。

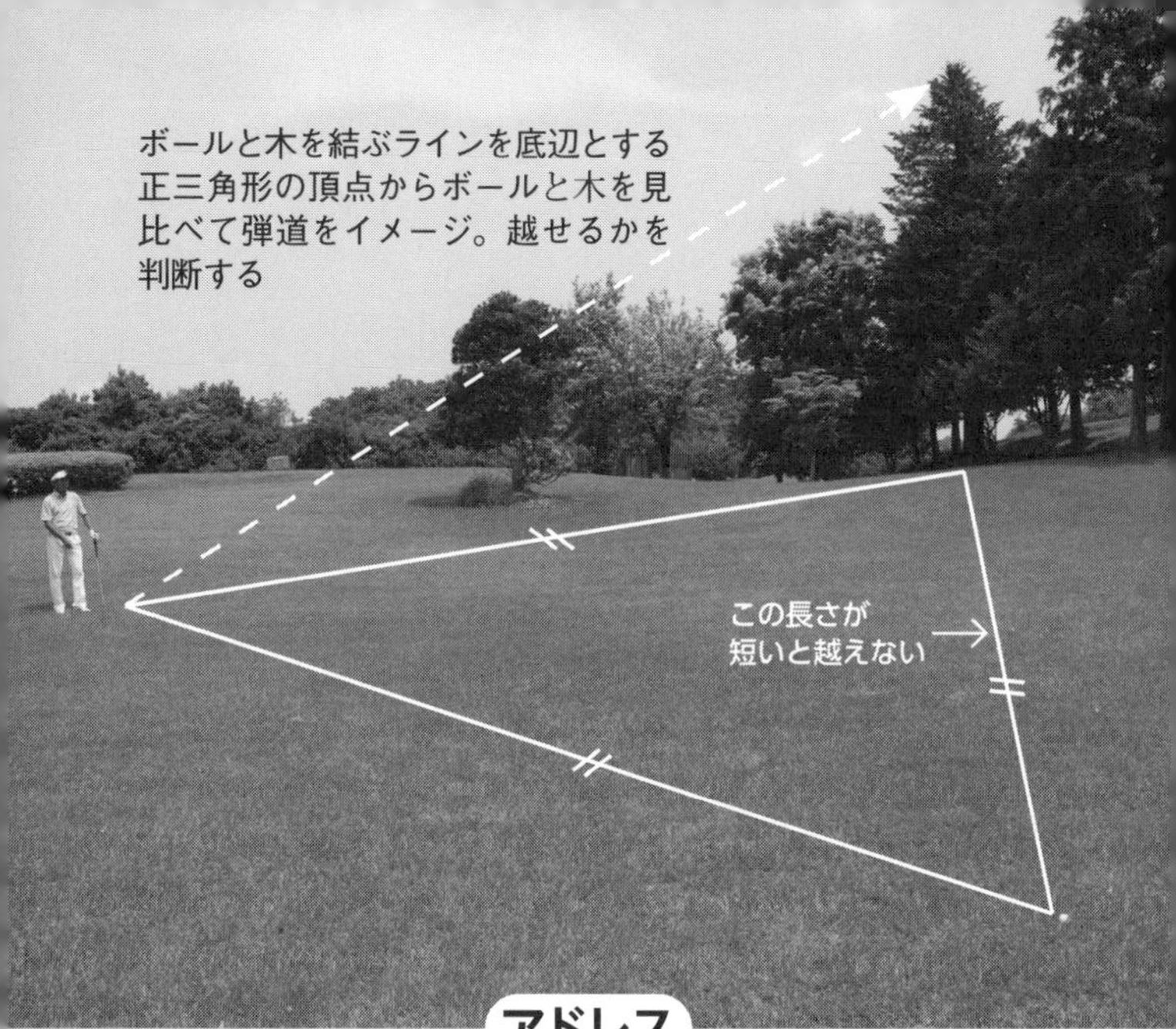
ボールと木を結ぶラインを底辺とする正三角形の頂点からボールと木を見比べて弾道をイメージ。越せるかを判断する
この長さが短いと越えない

アドレス

ボールを上げたいので、軸をやや右傾させてアドレス
PRGR
PRGR

右足体重のアドレスをキープしたままスイング。インパクトでもこの体重配分を変えない

構え以上にボールを上げようとするとダフります

木を越すときのスイング

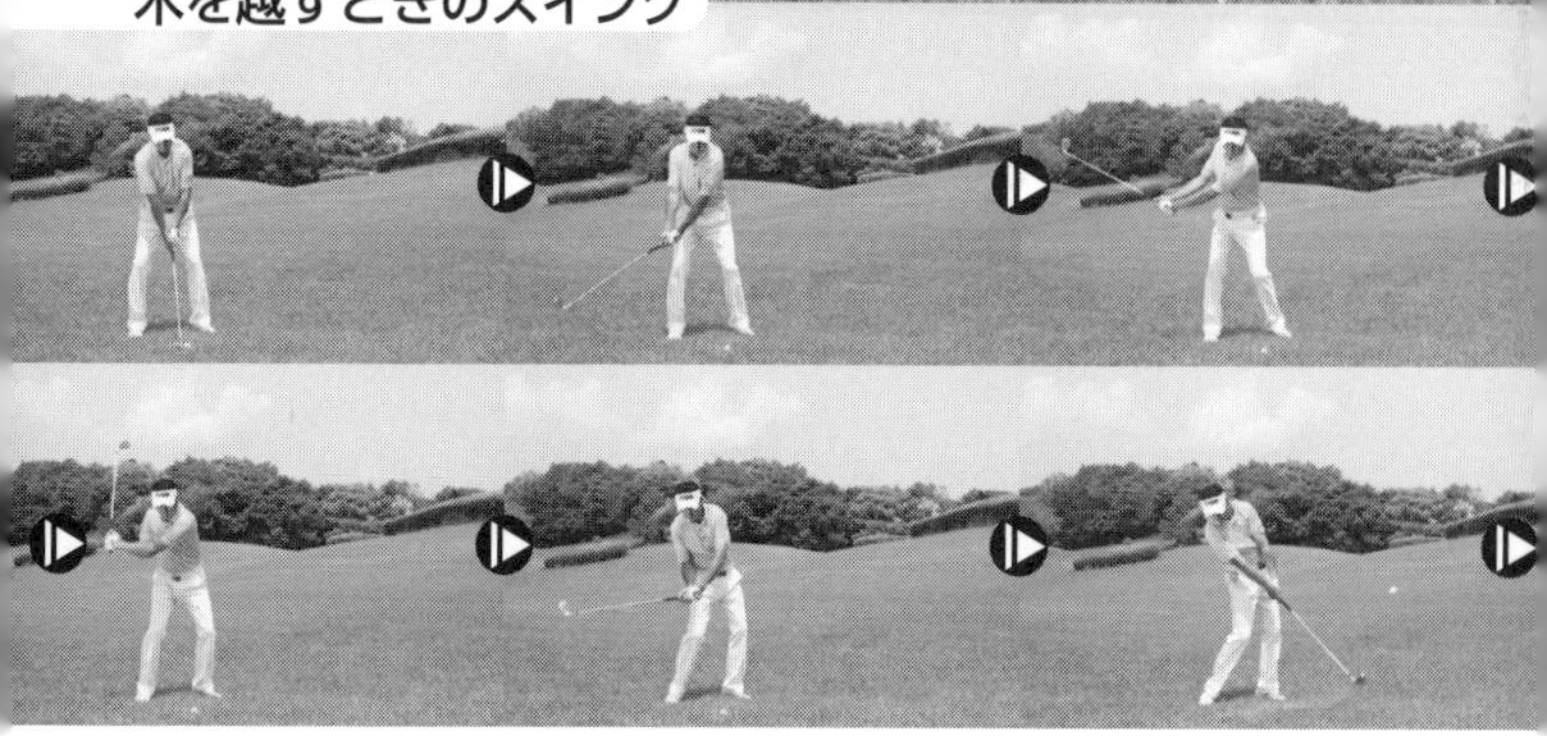

林から枝の下を抜いて乗せる

3番ウッドを小さく振り、低く強い球で乗せる

まず、ボールの近くや左右の地面に木の根がないか確認します。もしあったらグリーンは狙わずレイアップします。

低い枝の下を通すしかない状況なので、使用クラブは3番ウッド。小さな振り幅でも飛び、弾道も低く抑えられるからです。アドレスでは、シャフトを握るくらい短くクラブを持ち、スタンスを狭めてボールの近くに立ちます。ボールの位置は真ん中でOKです。

スイングで大事なのは手で振らないこと。振り幅は小さくても、鋭く振って距離を稼ぎたいのでフットワークが不可欠です。

フォローで左腰を目標方向に突き出すような感じで振るとうまくいきます。

シャフトを握るくらい短く
持つ
低い位置に目線をおき、抜ける
ルートを見つける
アドレス
ボールの近くに立ちます
スタンス幅を狭めてコンパクト
にアドレスします

小さく鋭く振って距離を稼ぎたいのでフットワークを使う。フォローで左腰を目標方向に突き出すように振ります

枝の下を抜くときのスイング

バンカーから乗せる

ボールの赤道より下に「リーディングエッジ」を入れるイメージ

バンカーではボールが3分の1以上砂に沈んでいたらグリーンは狙えません。また、狙えるライでもアゴが高いと脱出できないので、必ず打つ前に確認してください。

狙える状況ならアドレスはノーマルショットと同じ。ガードバンカーのようにダフる必要がないので足は砂に埋めません。もちろんハザードですからソールもしません。

スイングでは低めの球を打つイメージをもつこと。終始空中を振ってトップめのボールを打つ感じで構いません。インパクトで手が前に出ると、ヘッドが上から入ってささるので、手元を体の正面に保って振ること。その通りにできなくてもいいので、**ボールの赤道から下にリーディングエッジを入れるイメージで打ちましょう。**

左のように砂に沈んでいたら脱出を最優先させます

アドレス

ボールの位置は真ん中。
足は埋めません

ボールから離れると
トップめに打てます

ボールの赤道より下を打ちます

打ちに行って手が前に出ると
ダフります

低めの球を打つイメージでバットを振るようにスイングすると、
ややトップめのボールが打てます

バンカーのスイング

おわりに

120～130ヤードの距離、あるいは9番アイアンでグリーンを狙う場合、プロはアプローチ感覚で打ちます。バーディチャンスにつけたいからです。

そのため、打つ前にいろんな情報を収集し、攻め方を考えます。そして、その結果によってアドレスが決まり、アドレスによってスイングが決まります。この手順を踏めば、少なくともOBを打ったり、ハザードに捕まるといったミスは激減します。

アベレージゴルファーはスイングに自信がありませんから、「どう打つか」「どう振るか」を考えます。必然的にその部分の思考ウエートが多くなるので、情報収集やアドレスに割かれる時間は少なくなります。

私が見る限り、この〝時間配分〟を変えるだけで、グリーンに乗る確率が大幅にアップする人がたくさんいます。

「打つ前の準備」は誰でもできます。まずはここからはじめてください。本編ではスイングのコツも紹介しましたが、ラウンド中に気をつけるのはひとつに絞る。そうすれば結果が出ます。出なくても次につながるショットが打てて、乗る回数が着実に増えます。

今までうまく乗らなかった、うまく打てなかったのは、あなたに素質がないわけでも、あなたがダメなわけでもありません。うまくいく方法を知らなかった、うまくいく方法を採用していなかっただけです。

この本を読み、実践することで、少しでもあなたの喜びが増えることを願っています。

*

最後になりましたが、本書の出版にあたっては、ＫＫベストセラーズの武江浩企さん、菊池企画の菊池真さん、構成者の岸和也さんにお世話になりました。

さらに、今まで私にかかわっていただいたすべての方々に感謝の意を表し、結びとさせていただきます。お読みいただき、ありがとうございました。

北野正之

■著者略歴

北野正之（きたの・まさゆき）

1966年（昭和41年）5月18日、埼玉県生まれ。14歳からゴルフを始め、1991年にJPGA公認インストラクターの資格を取得。2000年からは約8年にわたりアズメディア・サンディエゴ校（アメリカ）やディオス・ゴールドコースト校（オーストラリア）でプロゴルファーの指導にあたった。現在は埼玉県草加市の松原ゴルフガーデン、茨城県のサザンヤードCCでレッスン活動を展開。これまでに2万5000人を超えるゴルファーを直接レッスンしてきた。『ゴルフの方程式「88」なら誰でも出せる！』（KKベストセラーズ）、『いつでも90台で上がれる人のゴルフの習慣』（日本経済新聞出版社）、『簡単に10打縮まるラウンド技術』（ベースボール・マガジン社）、『超簡単スコアメーク ゴルフ50のココロ』（学研パブリッシング）、『トッププロも実践！ 絶対上達するゴルフアイデア練習法』（実業之日本社）など著書多数。松原ゴルフアカデミー所属。

近況は北野正之ブログ
http://ameblo.jp/mackey-kitano-golf/

〝80台《だい》〟で回《まわ》る習慣《しゅうかん》
「乗《の》せたい距離《きょり》」を100%乗《の》せるゴルフ

二〇一七年九月二五日　初版第一刷発行

著者　北野正之《きたのまさゆき》
発行者　栗原武夫
発行所　KKベストセラーズ
東京都豊島区南大塚二丁目二九番七号　〒170-8457
電話 03-5976-9121
http://www.kk-bestsellers.com/
印刷所　近代美術株式会社
製本所　株式会社積信堂
DTP　株式会社菊池企画

■スタッフ
構成／岸 和也
撮影／圓岡紀夫　イラスト／鈴木真紀夫
協力／サザンヤードCC（茨城県）
装丁・本文デザイン／石垣和美（菊池企画）
企画プロデュース・編集／菊池 真

ISBN 978-4-584-13812-0 C0075